こころの未来選書

「ひきこもり」考

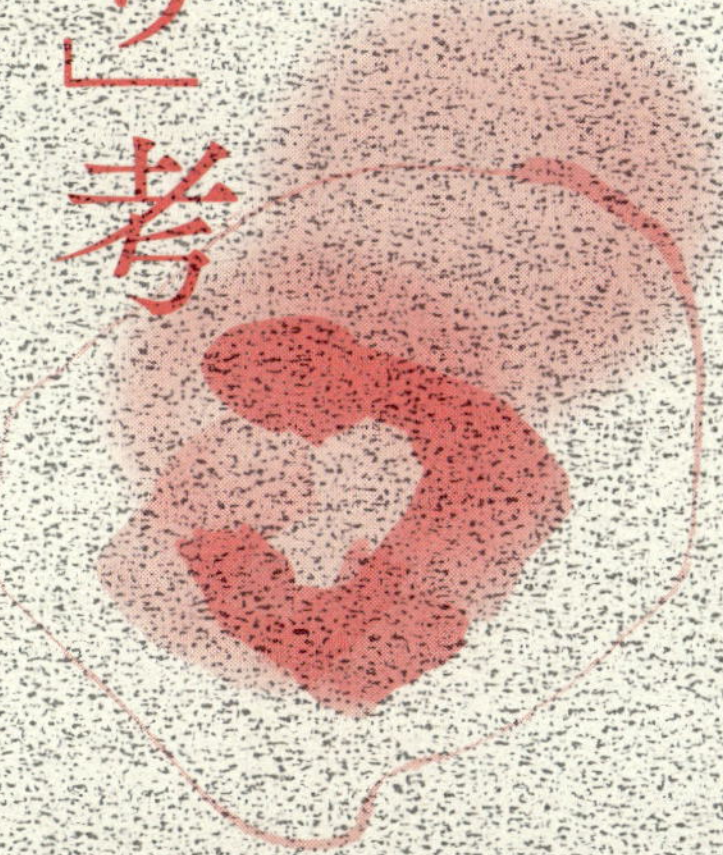

河合　俊雄
内田由紀子　編

創元社

「ひきこもり」考　目次

造本：尾崎閑也（鷺草デザイン事務所）

はじめに

本書は現代日本社会の若者にみられる「ひきこもり」について、さまざまな角度からの考察を試みたものである。最初に断っておくと、本書はひきこもりに対する直接的な「解決策」を呈示するために書かれたものではない。むしろ本書の試みは、これまで一面的にしか語られることのなかったひきこもりを多角的な視点から理解しようとすることにある。

ひきこもりは「自宅や自室にこもり、社会との関係をもたなくなってしまう」という一つの行動で説明される事象でありながら、その背景要因と、それにまつわる心のあり様は多層的である。

ひきこもりがクローズアップされてきた二〇〇〇年代後半から、心理学や社会学がその問題に取り組んできた。たとえば過去一〇年で急増してきた「社会現象」ととらえて、その背景にある就労問題、若者問題を探るマクロ・アプローチを行う人もいる（主に社会学）。一方で、個々人の生育歴や家族関係、さらには病理との関わりなど、個別事象を深く内側から理解することで、ひきこもりの根幹をとらえようとするアプローチもある（主に臨床心理学）。これらは「こもる」状態の外的・内的な要因を検証し、内実に迫ろうとする作業である。

また、日本の内側からみるひきこもりと外側からみるひきこもりは、違った顔を見せる。ひきこもりは日本に多く見られると指摘されている。だとすれば日本社会の中にある要素 —— 社会システム、家族のあり方、さらには「自分」という存在そのものに対するとらえ方 —— が「こもる」という行動と何らかの関係をもっていると思われる。こうした社会・文化・環境的要因は、異なる文化との相対化や比較によってあきらかになる。私たちにとっての「当たり前」は、他の国からみると必ずしも当たり前ではなく、そうしたことの中にひきこもりにつながる原因が潜んでいるのかもしれない。

ひきこもりとは何か、という俯瞰的視点と、ひきこもりに寄り添いその個別性を追求する近接的視点から見えてくることは、人は個別的な来歴を背負った存在でありながら、しかし一方で生きている社会の中で起こっているマクロな現象とは切り離せないことを表している。

したがってひきこもりの全体像は、種々のアプローチの接点を少しずつたどり、織り上げていく作業からつかみ取ることができるのかもしれない。それぞれの章の著者らは「ひきこもり考」のタイトルにあるとおり、ひきこもりとはいったい何なのか、なぜこの二一世紀初頭の日本の若者に多くみられるようになったのか、あるいはなぜ「この人が」ひきこもることになったのか、といった解決しがたい問いに対し、真剣に向き合い、考察しようとしている。

二〇〇八年三月に京都大学こころの未来研究センターで行われたワークショップ「日本文化とこころの行方 —— 『こもる』ことの意味」は本書作成にあたっての一つのマイルストーンになっている。このワークショップでは、日本の中からみたひきこもりと外からみたひきこもりの意味、また、マクロと個別、というそれぞれのアプローチから光を当てていこうとして企画された。その際の話題提供者が、ジャーナリストのマイケル・ジーレンジガー氏、文化心理学者の北山忍氏、そして臨床心理学者の河合俊雄氏であった。そしてコメンテーターを務められたのが社会心理学者の嘉志摩佳久氏であった。このワークショップでの話題提供を基軸に、ひきこもりを多角的に考察する書籍として発展させたのが本書である。

本書の前半部分（第一章　ジーレンジガー氏、第二章　北山氏、第三章　内田、コラム　ビナイ・ノラサクンキット氏）は「社会・文化的アプローチ」からみたひきこもり、後半部分（第四章　境泉洋氏、第五章　河合氏、第六章　岩宮恵子氏）は「臨床現場」からみたひきこもり（臨床心理学からの視点、あるいは現代意識との関連）となっている。最後に前出のワークショップでの嘉志摩氏の鋭く深いコメントに加筆をしていただいたものを掲載している。嘉志摩氏のコメントはワークショップでの発言がもとになっており、第一章、第二章、そして第五章の著者の話題提供に対する指摘となっている。

本書は「ひきこもり」について考えることが主眼となっており、その具体的な解決策あるいは原因論を呈示するものではないことはすでに述べた。しかし、このような分析的視点により、結果的にひきこもりの実情を理解し、何らかの前進がもたらされることを期待している。ひきこもりは本人の努力によって解決を試みる、という単純な問題ではなく、周囲と社会がいかにひきこもりを理解し、つきあうのか、ということに鍵があると思われるからである。

最終的にはひきこもりとその家族への支援につながることを切に願う。文書の中のたとえ一文でも、ひきこもりに向きあう家族や支援者の方々に少なからず新たな視点を呈示できればと思っている。

内田由紀子

第一章 ひきこもり――現代日本社会の〝行きづまり〟を読み解く

マイケル・ジーレンジガー
翻訳 内田由紀子

「こころ」は日本が直面している問題に密接に関わっている中心的テーマである。私の著書――英語タイトル〝Shutting Out the Sun〟、日本語タイトル『ひきこもりの国』（光文社、二〇〇七年）――を出版したのは、ひきこもりについて理解することは、二一世紀の日本という国が抱える問題の理解につながるのではないかという考えからであった。

吉川左紀子・京都大学こころの未来研究センター長は「こころ」について学際的な研究を促進することがセンターのテーマであると述べていた。日本語の「こころ」という言葉には多くの意味があり、これを英訳するのは非常にむずかしい。通常「こころ」はheartと訳されるが、実際には精神を表すspiritやmind、さらにはbrainも含まれている。このような「こころ」について議論を深めることから、将来に向けての希望、そして解決策を呈示していただきたいと願う。というのも、私は今日の日本社会が直面している問題、特に日本の若者の問題に深くこころを痛めているからである。その解決のためには、今後さまざまな研究をこころの探究に向けることが重要であろう。

研究者や精神科医ではなく、ジャーナリストとして私が思うことは、経済や政治を見ているだけでは今日あるいは将来の日本社会の問題は解決しないということである。日本の問題の核心は社会と心の問題である。私の国アメリカは、ここ数年経済が停滞し、常に政治的・経済的変革が起こりうる状態である。現在（二〇〇八年）行われているアメリカの大統領選挙戦の議論においても、アメリカ社会は大きな変化を必要としているということが見てとれる。しかし日本ではバブル経済が二〇年前にはじけて以降、経済的・社会的にも、ましてや政治的にも、それに伴う変革は起こっていない。むしろ何か失われたものがある。私は日本の経済や政治について理解しようとすることからスタートしたが、真の問題は社会の構造の中にあると考えるようになった。それゆえ、ひきこもりについて関心をもち始めたのである。もちろんひきこもったり社会的に孤立している人たちの現状や未来について私自身も非常に懸念しているように、ひきこもりや社会的孤立にまつわる問題は、そのような状態にある「個人の問題」という側面がある。しかしそれだけではない。ひきこもりは、日本社会の膠着状態そのものを象徴しているというのが私の考えである。

すでにご存知の読者も多いと思うが、まずは日本の現状について少し説明しておきたい。

一　経済指標が示す日本の停滞

一九九二年、国民一人あたりの国内総生産（ＧＤＰ）で日本は世界第四位であった。一位はルクセンブルグ、そしてアメリカは一〇位であった。次に二〇〇七年を見てみると、もはや日本はトップ一〇にも含まれなくなり、なんと二〇位にまで下がっていた。日本の経済力を他の国と比較してみると、昨年（二〇〇七年）においては日本の国内総生産が世界全体のＧＤＰに占める割合は一〇パーセントを下回った。一九九四年ごろには日本は世界全体の一八パーセントを生産していたにもかかわらず、である。これは日本の競争力ならびに生産力が、他国と比べていかに急速に低下しているかをシンプルに物語っている。

私が母国アメリカで経済の話をするときしばしば主張するのは、日本は変化していないわけではなく、むしろ日本は変化しているということである。しかし問題は、他の国々と比較した際、その変化のスピードは十分であるだろうかということにある。このデータが示していることは、その答えが「ノー」ということである。すなわち日本は必要なだけのスピードで変化を押し進められていない。

第二次世界大戦後四〇年から五〇年の間、日本は経済戦争の中に自らを投じ、スーパーパワーと言われるまでに経済超大国になった。そして一九八〇年代後半から九〇年代にかけてバブル経済崩壊を経験した日本は、「これからどこへ進むべきか」について、あやふやで遠回りな道の中を迷っている。そしてそれは、日本の若者たちの価値観形成にも影響を与えている。

ここに二つの意識調査の結果をお示ししよう。世界中の若者が見ているMTVという音楽番組において行われた調査の結果(1)である。一つ目の質問はとてもシンプルなもので、「将来、両親よりもたくさん稼ぐようになると思うかどうか」というものであった(図1)。言いかえれば両親よりも自分のほうが将来成功すると思っているかどうかの指標である。中国では、一六歳から三四歳の若者の七八パーセントが、自分はかなりの確率で両親よりもたくさん稼ぐようになるだろうと答えている。インドネシアでも七九パーセントが両親より稼ぐようになるだろうと考えている。メキシコでも、若者の実に六〇パーセントが、自分の将来を肯定的にとらえていることがわかる。

翻って日本を見てみると、一六歳から三四歳ではたったの一七パーセント、そして八歳から一五歳では一九パーセントしか将来自分が親よりも豊かになるとは考えていないことがわかる。ワースト二位はドイツだが、

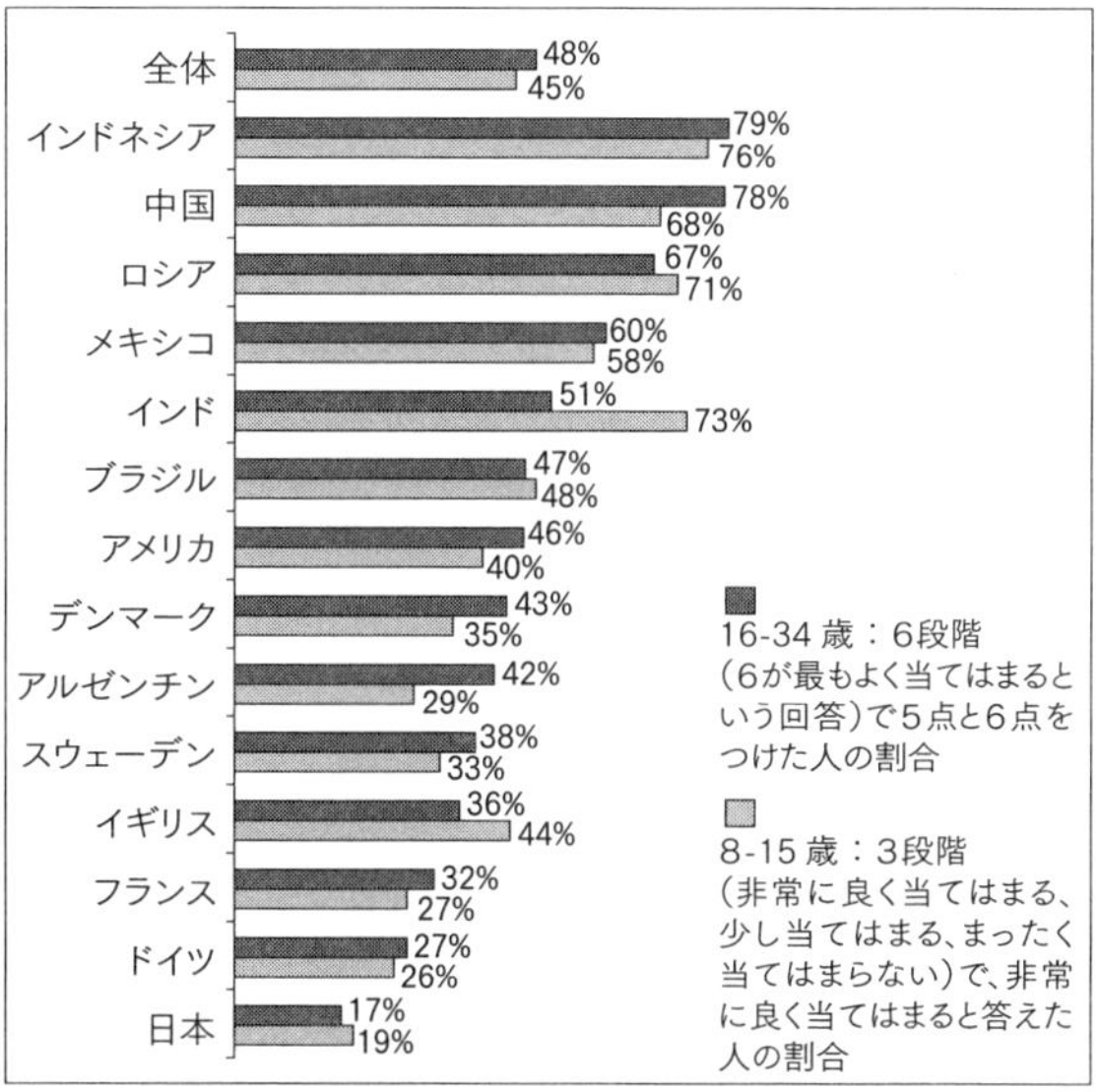

図1　両親より稼ぐようになると思うか(1)

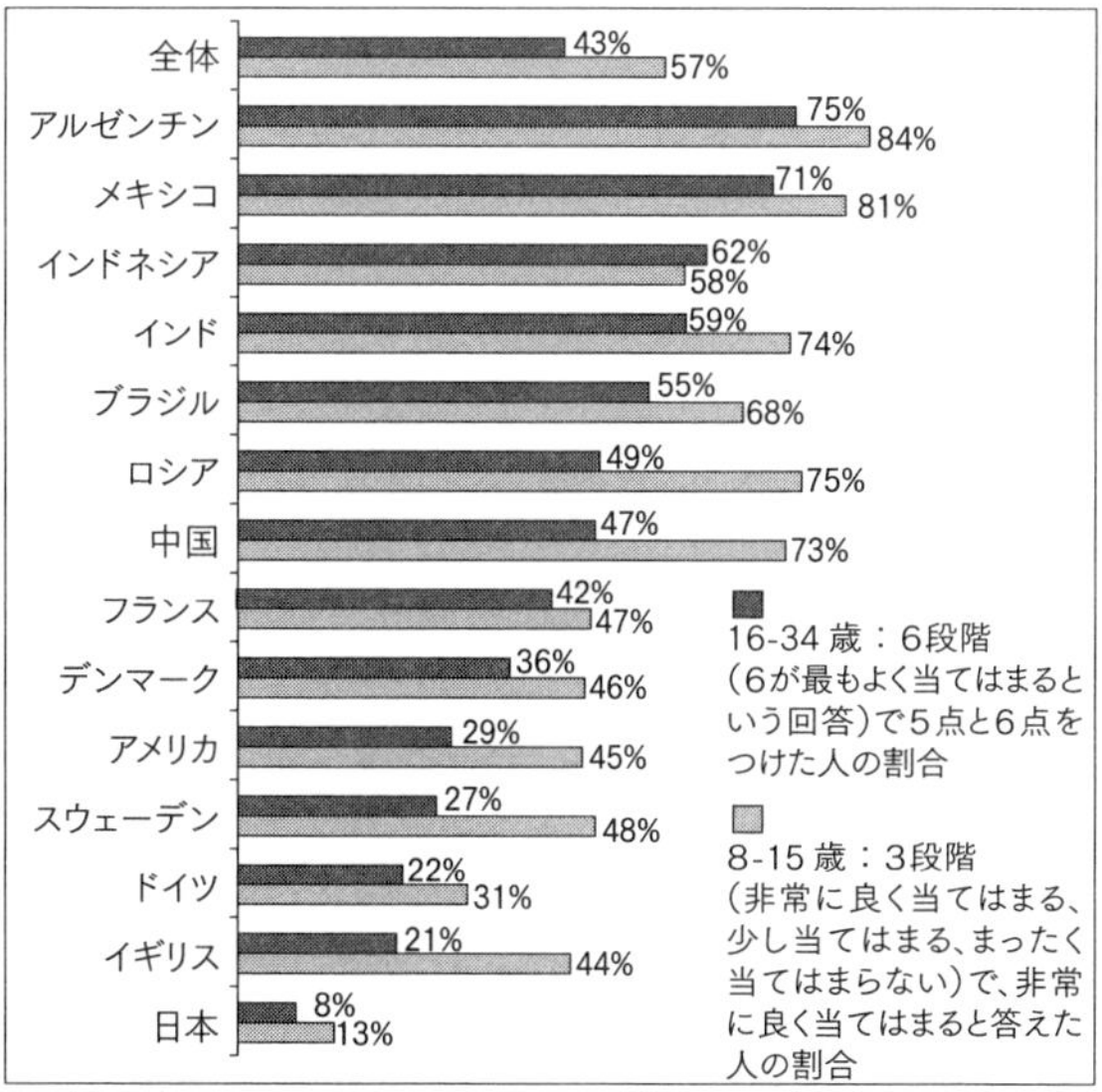

図2　現状で幸せか

それでも日本とは一〇パーセントも差が開いている。この調査からは日本の若者が他の国の若者と比較して、桁違いに悲観的であることがわかる。

同じ人たちが回答した別の設問に、現在の状態で十分幸せであるかどうかというものがある（図2）。アルゼンチン、メキシコ、インドネシア、インドの若者は非常に幸福感が高かった。しかし日本人の若者は最も悲観的であることがわかる。ワースト二位はイギリスであったが、それでも日本の若者の三倍の若者が幸せであると答えていた。つまり、日本の若者は単に幸福度が低いだけではなく、他国の若者と比べてその低さが桁違いなのである。

日本の若者の悲観的な結果は、この二〇年間の経済的混乱の副産物であろう。そして今日の日本で見られる精神的な問題や疎外感の一つの帰結が、ひきこもりと呼ばれる現象であろう。ここでひきこもりとは何か、これまでわかっていることを概観してみたい。

二　ひきこもり

「ひきこもり」を日本語の言葉の意味から考えてみると、「引く」あるいは「退く」という意味の「ひき」、そして「こもる」から成っており、社会的に閉じこもってしまうということを表している。

このひきこもりについて、二〇〇三年に厚生労働省が公の定義を呈示している。それによると、ひきこもりとは「六ヶ月以上自宅に閉じこもっている状態」である。長期間にわたりひとりきりで自室に閉じこもって、家族を除く他者とは実質的な親しい関係をもっていない状態と言える。この場合の「家族」とはほとんどといっていいほど「母親」を指す。たいていの日本の家族においては父親は仕事で忙しく、飲み会や同僚とのつきあいなどで家になかなか帰ってこず、家族との時間はほとんどない。そのため、家族の中で母親が占める比重が大きくなる。これは日本の家族が抱える社会構造的な問題と言える。

重要なことに、こうしたひきこもり行動は、精神障害とは明確な関係がみられない。DSM－Ⅳなどでみても、日本のひきこもりはパラノイド的な被害妄想、あるいは広場恐怖症とか社会恐怖症など、既存の症例の診断がつかない人たちであり、「ひきこもり症候群」はだからこそ関心がもたれていると言える。加えて、私から見ると、ひきこもりはとても日本らしい問題であり、日本に特有の現象である。ニートと呼ばれる人たちは、学校にも行かず、就業またはその訓練下にない人たちとして定義されているが、たいていの場合、こうした人たちも外には出て社会生活を送ることはできる。ひきこもりはこうした行動様式とは異なり、人との社交生活も一切絶ってしまった状態にある。

個別事例を検証する臨床の現場からはいくつかの事案が呈示されつつあり、私自身も基本的にはそのようにして集められたデータからひきこもりについて考えている。ではひきこもりの本質について何がわかってきているだろうか。臨床的事案から提案されるひきこもりの特徴は、まず、他の人を信用しないということである。彼らは他者への不信感をもっている。ひきこもりの人々は、日本的な本音と建前を使い分けることが難しい。日本社会では、外の世界ではなんとか取り繕ったり、本音を隠してそれなりに自分の感情を表す振りをする一方で、本音をもし表出させてしまえば社会から叩かれかねない。今日の多くのひきこもりは、このような日本の社会的スタンダードのルールを拒否している。

また、ひきこもりの人たちは、他者と人間関係を築くことが難しく、親しい友人がいない。人とどのようにつきあえばよいのかわからず、他者から判断されることを恐れている。さらには、心理学的用語でいうアタッチメント・トラウマ（親子間の愛着関係におけるトラウマ）をもった人が多い。というのは彼らの親子関係には問題があり、特に母親との関係は困難、父親との関係はほぼ不可能という状況にあり、対人的な不安感をうみだしている。親子関係の問題は、親による感情的なネグレクト（無視）の経験とも関連する。

日本においては、親からの愛情表現は複雑である。たとえば「沈黙は金」という表現がある。拙著『ひきこもりの国』の執筆の際に晩年の河合隼雄先生にインタビューをさせていただいたことがあるが、その際彼は、もし彼が奥さんに『愛してるよ』と言ったら、奥さんは『あなたおかしくなったの』と言うだろうと話してくれたことがある。日本の家庭では『愛してるよ』というような直接的な愛情表現をすることはないからである。このことは子どもと親の関係にも影響を与えているのではなかろうか。『ひきこもりの国』では、このような関係性が世代から世代へ引き継がれていくことについて述べておいたので、参照されたい。

すべてではないが、いくつかのひきこもりのケースの中には、厳しい批判やいじめにあったことによるPTSDの兆候が見られる。いじめは日本では強力な暴力の道具であり、私が会った多くのひきこもりの人はかなりひどいいじめの経験（たいていは中学校や高校での）の後にひきこもったという。いじめを受けた後には、学校に戻ることはほとんど不可能である。日本におけるいじめは、他の国とはかなり異なる、特有の構造をもっている。

ひきこもりの問題について耳にしたとき、私のジャーナリストとしての直感的センサーが突き動かされ、「これはとても興味深い現象である」と感じた。なぜならばひきこもりは日本に特異的であり、日本社会についてのかなり明確な示唆を私たちに与えていると感じたからである。そもそもなぜ一〇〇万人もしくはそれ以上の日本の若者たちが自分の部屋に何か月も、何年も、一人でひきこもってしまうのか？

そこで私はこの現象について調査を始めた。五年も二〇年も社会から疎外された状態のひきこもり状態にあった人にインタビューをしたが、それはまさにショッキングなものであった。そして調査をしているうち、子どもが数か月あるいは数年一人で自室に閉じこもってしまうことの原因について、二つの両極端なイデオロギー的な見方があることに気づいた。一つは、こうした若者はただ甘やかされた「コドモ」だ、というものである。親を利用し、怠惰なコドモ。「子どもにとって何のためにもならない」と言われるような甘やかしはやめて、すぐにでも背中を押して家から出ていけと蹴り出すぐらいのことが必要なのだ、そうすれば彼らはすぐに良くなる、という考え方である。この対極的にあるもう一つの見方は、ひきこもりの子どもたちは精神疾患をもっており、強い薬を飲ませなければ良くならないという考え方である。ひきこもりの子どもたち、あるいはその親と話を進めたり、精神科のひきこもり外来を訪ねるうち、私はひきこもりという現象について考えを深めた。そこで達した結論はいずれの説にも賛同できないというものであった。

学校でいじめを受けていたとか、何らかのトラウマを抱えているような問題を抱える若者は、仲間とは違っていようとしたり、他者に合わせようとしないという傾向がある。実際、彼らはクリエイティブで、自分の言葉できちんと表現できるし、感受性も強い。そして他の人とは異なる第三の道を見つけようとしている。堅牢な階層主義的システムに自らを投資したいとは考えていない。ちなみにこの階層主義的システムは戦後日本においてはうまく機能していたが、一九九〇年代には瓦解してしまっている。しかし問題は、日本においては、人と違っていようとすると、さまざまな罰を受けてしまうということである。

もう一つわかったことは、ひきこもりの多くは、飛行機や船に乗り日本から出て、タイなりシンガポールなりカリフォルニア、あるいはカナダへ数か月行けば、ずっとましな状態になり、社会に適応できるということである。私が著書『ひきこもりの国』で紹介した一人の若者のケースでは、両親を説得してバンコクへ送り出してもらっている。彼を招待し、受け入れてくれるタイ在住の知り合いがいたのだ。彼はあるとき勧められてチェンマイへ旅行した。バスターミナルから一〇時発のバスに乗りこんで出発を待っていた。日本の新幹線であれば、たとえば九時五三分発のバスは、九時五二分五五秒ぐらいには出発する。しかし、タイでは一〇時になってもバスは出発しない。一〇時五分になっても出ない。一〇時一〇分になってもまだバスは発車しない。そしてこの若い男性は、ああ、このバスは満員になるまでとにかく待っているのだと悟った。自分はこういうところになら住むことができる、気持ちが楽だ。日本のように厳格な場所ではなく、ここでなら本当の自分でいられる、と。多くのこのような若いひきこもりの人たちは、過度にコントロールされ、人と違っていることが非常に難しい日本社会から、脱出するルートを見つけようとしているのだ。

三　孤立する若者

このような疎外感が蔓延していることは、ひきこもりとは異なる領域でも同じような現象があることから見てとれる。一つの典型的な事例は、少子化や多くの若い人の非婚化の問題である。そして女性のパラサイトシングルの問題である。厚生労働省の調査のデータはとてもショッキングなものである。一五歳から二〇歳の今日の日本の男性に、いわゆる恋人ではない、女性の友達が何人いるかと聞くと、五割以上の男性は、「異性の友人はいない」と答えている。日本の女性に同じ質問をしても、四五パーセント近くの人が「異性の友人はいない」という回答をしている。

日本で婚姻率が減っている理由の一つに、お見合いがあまり行われなくなってきたことが挙げられる。一九六五年まで、婚姻の半分はお見合いにより成立しており、結婚は「しなければいけない義務」ととらえられていた。西洋的な合弁や資産取引のようなものとは異なり、結婚により家の将来や家族制度を確固たるものにするために、男女は親が世話したお見合いを積極的に受け入れて結婚していたのである。しかし一九六〇年代になり、日本の若者は西洋の文化やアメリカの映画、オードリー・ヘップバーンの『ティファニーで朝食を』などを好むようになり、恋愛結婚に傾いていった。しかし若い人たちの中で柔軟性のある自由な社会を享受したいという希望が育っていく一方で、日本の社会の制度についてはそれに伴った変化は起こらなかった。男女の性役割が固定化されていることも、日本における結婚を難しくしていると思われる。『ひきこもりの国』にも記したとおり、結婚したいけれどもなかなか出会いのチャンスがないため、多くの日本の男女は自分たちが合コンに行っているということを多少おずおずとしながらも認める。これは日本の社会の変化が必ずしも日本人の態度や考え方を反映していないことを表す一つの例であろう。

同様に、パラサイトシングルという問題もこれに関連している。日本の女性は、結婚しないという選択をしつつある。三五年前、あなたが一九歳や二〇歳の京都大学を卒業した女性であったとすれば、経済的に保障された幸福な将来を得る最善の方法は、あなたの面倒をみることができるくらいに最低限稼いでくれるサラリーマンと結婚することだった。なぜならば、女性が仕事を得られる機会は非常に限られていたからである。女性はＯＬになってお茶を出すぐらいしか仕事をする機会がないのに対し、夫は一生涯働くことができ、一定の稼ぎがあり、年金や退職金ももらえた。

一九八〇年代、九〇年代、二〇〇〇年代になってから何が起こったのか。多くの女性が大学を卒業するようになり、そこそこに良い仕事も得られることがわかり始めた。もはや工場で働かなくとも、たとえば車のエンジンを組み立てなくても、きれいな服を着て保険会社に職を得たり、あるいはコンピューターの仕事をしたりして、手を汚すような労働をせずとも良い給料を得られるようになった。アメリカと違って日本では三〇歳、四〇歳になっても親と暮らす人が多いので、自分の給料を得て、実家に暮らしながらパリやロサンジェルス、香港に旅行し、ルイ・ヴィトンの財布やきれいな洋服も買って、子どもをもとうと思わない限りは、こうした独立した贅沢な生活を享受することが可能である。そしてそのような女性たちは恋人ももつことができ、ラブホテルに行くような親しい関係をもつこともできる。それと同時に両親と暮らし続けることができる。特に日本の男性が子育てに積極的でないならば、結婚という形をとる必要はなくなる。今日でさえ、日本の教養の高い男性は、「男は外で仕事を、妻は子どもと一緒に家に」という考え方をもっている。しかし残念ながら、教育レベルの高い女性は、家で独りで子育てだけをしていたくはないし、キャリアも自分の人生も欲しいと考えている。日本の社会がそのことに順応するのに遅々とした結果、パラサイトシングルが増加し少子化につながった。

日本の政策決定者たちは単純に「女性たちが子どもを預けられるよう保育所を建てましょう」と言うけれど、それは日本の女性が将来に求めているものについての対処にはならない。ものの考え方が変わらなければ、そしてこういった議論が日本でもっとオープンに行われなければ、日本の少子高齢化の問題は、なかなか解決につながらないだろう。

私はアメリカ人に、二〇二〇年の日本は、アメリカで定年退職者が多く住む「南フロリダ」のような場所になるだろうと話している。なぜならば二〇二〇年には、九分の一の日本人が八〇歳以上となるからである。それは経済的・社会的な持続性を失うことである。一つの解決策として政治家が当然のごとく考慮しなければいけないのは、移民を日本に迎える門戸を開くことである。これは現在ヨーロッパが直面している問題であるが、日本ではそういったことを議論することさえ困難である。

それゆえにヨーロッパでの出生率の低下は日本のそれとは異なっている。一つだけ例を挙げる。西洋社会全体で出生率の低下が起こったが、北欧では子どもの約半数が未婚の女性、シングルマザーから産まれている。日本の方は私以上によくご存じであろうが、日本では今日ではほとんどの性的なタブーが受け入れられている。援助交際もあり、ラブホテルもあり、水商売もある。ただ一つだけ根強く残っている性的タブーは、独身で妊娠した女性が子どもを産むことについてである。これも日本での出生率の低下を説明する一つの要因である。しかし産まないという選択は、ひきこもりのように、社会からの撤退の一つの形である。自分の自由な選択が制限されるような社会において子どもを育てたくないので、産まない、と言った日本の女性がいた。このような社会で子どもを産むよりは、自分の人生を謳歌したい、と。

四　ひきこもりについて求められる検討事項

再びひきこもりの話に戻る。我々がまだわかっていないことについて明確にしておくことが必要である。今日この場でお話ししている理由は、これらの未知のテーマについてさらに研究を進めていただきたいと期待しているからである。

たとえば実際には何人ぐらいひきこもりがいるか？　おそらく一〇〇万人ぐらいであろう。三重県で行われた調査では全国で六〇万人ほどだろうと推察されている。しかし私はその数字をあまり信じていない。一〇〇万人というデータさえ信じていない。なぜならば、単に我々は推測以上の実際のところを知らないからである。このテーマについてこれまで（二〇〇八年時点）あまり良い研究調査がなされていない。今後の研究に期待している。

ひきこもりという現象の原因を説明することができるだろうか。これから私の考えを述べるが、実際のところ明確な回答は持ち合わせていない。この現象が新しいものなのかどうかも。私が本を書いていたとき、何人かの人が率直にこう言った。「アマテラスオオミカミもひきこもりだった」と。だからこのひきこもりという問題は、日本の古代から存在しているのだと。私はこれも信じていない。私はひきこもりというのは新しい問題であり、一九九〇年代までは繁栄していた日本の経済秩序が崩壊したことと明確に結びついていると考えている。しかしこの考えを証明することができない。この問題については知的な議論を期待している。

さらに重要なことは、これが日本独特の現象なのかということである。日本だけの問題なのか、そしてこの問題にどう対処していけばいいのか。才能があり、クリエイティブで、理路整然とし、思いやりある日本の若者を実際に世の中に戻すためにはどのような対応をとるべきなのか。私は、日本が今後二一世紀のグローバル化社会で成功するためには、創造的な破壊をし、新たな理論を構築することが必須だと考えている。ひきこもりの中にはその手助けになる人がいるのではないか。そのためには、まずはそういった人たちに社会に再統合してもらわなければならず、それには長期的な見通しが必要であろう。

また、八〇パーセントのひきこもりは男性ではないかと思われるが、これもはっきりはしていない。だが学歴への期待や家のために良い子でいることなど、長男に多くの社会的な責任がのしかかってきたことと関連しているのではないだろうか。

『ひきこもりの国』を書きおえた頃はインターネットでのチャットが家庭で始まった頃であったため、たとえば2ちゃんねるなどがひきこもりにどういった影響を与えたかなどもわからなかった。

また、二一世紀の日本の社会にとってひきこもりはどういう意味があるだろうか？　具体的なことは不明確だが、私自身は理論的仮説をもっている。完全なものではないし、推測に基づいたものにすぎず、まだまだ研究が必要なことであり、したがって反論の余地はある。しかしなぜこのようなことが起こったかについて、私の直感的な推論的仮説を述べたい。ここから新たな研究課題が創設されることを願って。

五　ひきこもりの要因

日本のひきこもりの孤立化には、いくつかの要素が考えられる。①「背景（文脈情報）」の重要性、②社会的信頼の構造、③日本的自己とアイデンティティーの性質、④基本的に無宗教的であること、⑤「次元に落とし込めない価値」と「超越的価値」。これらが二一世紀における社会関係の構造にどう影響しているのだろうか。

背景と対象　日本人と外国人では世界を異なるように見ているようである。日本の社会においては、背景的な文脈情報がなければアイデンティティーを確立することが難しい。たとえば、日本では名刺を渡すことが非常に大切である。私は少し髪がグレーがかっているので、年上に見られることがある。そうすると若い人はそれだけで私を少し違ったように扱う。しかし見た目は曖昧であるのに対し、名刺を渡すことによって、その人の地位もわかり、会社が大手かどうか、大体の年齢もわかり、相対的に自分と相手の位置関係を知ることができる。アメリカ、あるいはヨーロッパの社会では、会ってすぐに名刺を渡すことはしない。彼らは日本とは異なるやり方で、個人対個人という形でつながろうとする。それは個人の「前景」に基づく関係であり、「背景」に基づくものではない。

これについて、アルバータ大学の増田貴彦氏や彼の共同研究者たちによって行われた、前景と背景の違いを示す実験と、背景情報への注意が日本の社会関係とどのように関わっているかについて紹介する。この最も有名かつ重要な研究[2]はミシガン大学で行われたもので、京都大学の学生とミシガン大学の学生が同一のカメラを渡され、モデル人物の写真を撮るように言われる。左側はアメリカ人が撮ったもので、右側が日本人が撮ったものである（図3）。なぜこのような違いがあるのか？　アメリカ人は写真を撮るときに、対象人物の顔の部分を中心にする。なぜなら人物について、その人の顔や個人の特徴から知ろうとするからである。それに対して日本人はあまり対

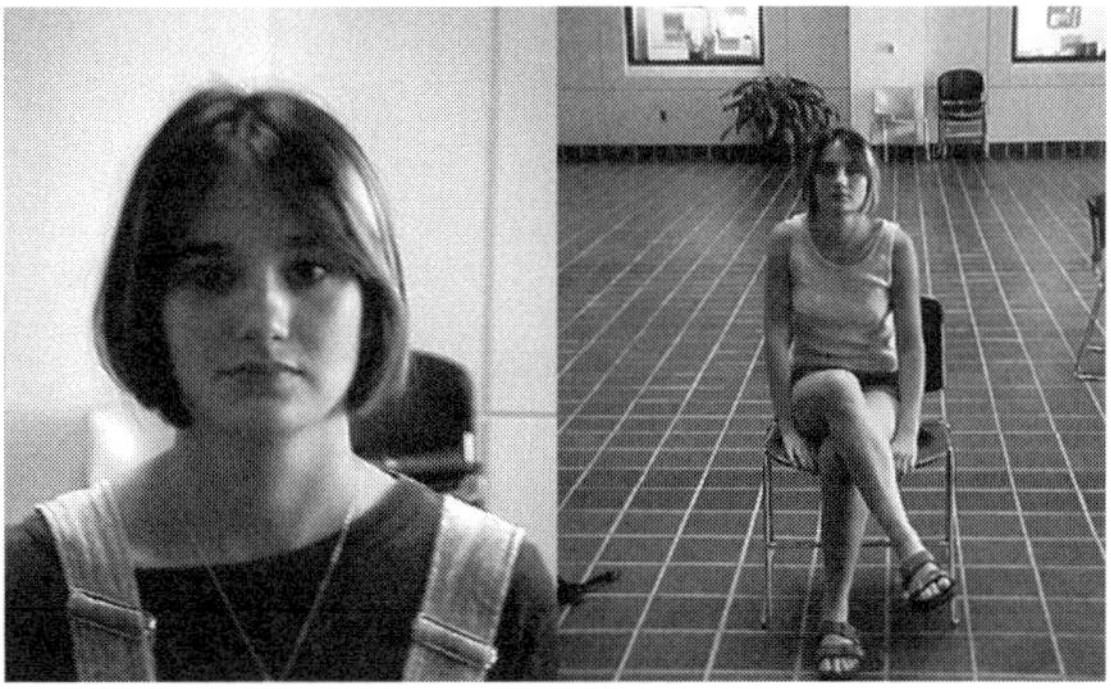

図３　日米での写真のとり方の違い[2]

象人物に寄らずに、背景情報を入れて撮ろうとする。日本人が撮った写真は顔が小さく写っている。日本人の考え方は、背景情報がなければ、その人が本当にどんな人かはわからないというものである。このことは日本でのアイデンティティーのあり方を理解する上で大切だと思われる。

もう一つ、同じく増田貴彦とミシガン大学のリチャード・ニスベットらの研究(3)を紹介する。アメリカの学生と日本の学生四〇名程度ずつに同じような水槽のアニメーション動画を見せた。その中には魚やカエルがいて、小石や水の泡、海草のようなものもある。この実験で実験者らが調べたかったのは、人々はこの絵の中の何を見ているのかということであった。その目的のため、水槽の動画の呈示の後、実験者はその水槽の中に描かれていた魚を、元と同じ背景情報とセットにして、あるいは背景情報無しで、または同じ魚に別の背景情報をくっつけた状態で参加者に示し、「先ほどあなたはこの魚を見ましたか」と尋ねた(図4)。

図4　水槽実験で使われたアニメーションと記憶課題の画像(3)

異なる文脈、つまり新規で見たことのない背景に対象を置きかえたときにそれを同一の物と理解できるかどうか。言い換えれば、同じ魚を取り出して別の背景のところに置いても同じ魚に見えるかどうか、という問いである。結果は、別の背景の元に置かれると、アメリカ人に比べると日本人の正答率は下がっていた。理論的知見によると、そして私自身も日本に住んで感じたことであるが、日本の人たちは物事をそのまわりの文脈情報と結びつけた状態でとらえているという。もしもある人をその人のもつ周辺情報から切り離してしまえば、その人が何者なのかを理解するのは難しくなる。『ひきこもりの国』の中で述べたように、あなたがひきこもりだとすれば、あなたには名刺がない。しかし名刺がなければ、あなたはいったい誰だ？　ということになる。私の国アメリカでは、一人の人間だと見てもらうために名刺は必要ないが、日本社会はそうはいかない。

図5　秋葉原の風景

図6　マンハッタンの風景

それは日本の景色などを見ても同様である。図5は少し前の秋葉原であるが、とてもたくさんの物にあふれている。多くの看板、広告があり頭がごちゃごちゃする。日本人はこれらの情報をすばやく集積し、解読することができる。日本のウェブサイトもそうだ。私から見ると、アメリカのウェブサイトが非常にすっきりしているのに比べ、日本のそれは情報過多に感じる。

マンハッタンの景色を見ると、アメリカで最も人が密集しているところでさえ、日本の街に比べると落ち着いて整然としている（図6）。注意していただきたいのは、どちらが良いとか悪いとかいうことではないことである。一方が他方より優れているということを言っているのではなく、これらの構造が異なっていて、だからこその違いがもたらすものについて考える必要があるということを主張したいのである。

社会的信頼　二つめに重要なのは社会的信頼についてである。研究のほとんどは北海道大学のグループが行ったもので、「見知らぬ人を信用できるか」という問いについての知見である。私が住んでいるアメリカでは、レストランのカウンターで隣に座っている人は黒人かもしれないし、メキシコ出身のラテンアメリカ系かもしれないし、中国系の人かもしれないし、韓国の人かもしれないし、祖父母はラトビアやポーランド、フランスの人かもしれない。アメリカ人は異質なものが織り混ざり、ミックスされた社会状況の中で日々生活している。しかしニールセンやギャラップ社などが世論調査をして「バスや地下鉄で乗り合わせた見知らぬ人たちを、信用できますか」と問うと、アメリカ人の五〇パーセントかそれ以上、多いときには六〇パーセントがイエスと答える。彼らは自分が社会的なレーダーをもっていると信じており、その気になれば信頼できる相手かどうかを、区別することが出来ると思っている。

しかし日本人に同じように、家族でもない、会社の同僚でもない、級友でもない、そういったまったく見知らぬ人を信頼できますかと問うと、ほとんどの日本人は信頼できないと答える。「人を見たら泥棒と思え」という日本のことわざが思い出される。アメリカに比べれば遺伝子的にもほぼ均一的な日本人同士であっても、見知らぬ人や、誰にも紹介されていない人を信頼するのは難しい。これだけ距離が縮まり、グローバル化した世界の中でも、人々の間の信頼感というのは未だ日本人にはハードルが高いのである。

自己の成り立ち　次に重要なのは日本人の自己とアイデンティティーの問題である。本音・建前、そして個人主義と相互独立性に関わることである。アメリカ社会では、個人が独立しているということが非常に高く評価される。自らの二本の足で立って自分で自分について考える、人に依存してはならない、これがアメリカ人であり、独立志向性はポジティブなものと関連している。独立していることの対極が依存であり、福利厚生への依存、アルコールやドラッグへの依存など、何らかの「援助」がなければ生き抜いていけないことは、アメリカ社会では「弱さ」とみなされる。

しかし、日本では言うまでもなくこの逆のように思われる。土居健郎による「甘えの構造」にあるように、依存的であることは、自分よりも他者のことをまず考えるということであり、また、自分のことはさておき、グループ全体のことを考えるということである。独立することは、他者より自分を優先する「わがまま」であり、利己主義とみなされる。これは日本において非常にネガティブな意味をもっている。同様に、日本においては「自由」というのはアメリカほどには肯定的な意味をもっていないようである。

このようにお互いが依存し、甘えが力をもつ日本社会において、他者と違っていることは安全だろうか。そしてもしも他者と違ってはいけない場合、クリエイティブであることはできるだろうか。さらに言えば、クリエイティブになるということ、他者と違っていることは、自分自身を他者からの批判にさらすことになり、いじめられたり、さらに酷いことになる可能性もあるのだろうか。もしそうであれば人と違うような道は選ばないほうが安全だということになる。アメリカにおいて人が違っていることが当たり前であるように、日本も、人々が異なる長所も欠点もあるということを受け入れ、それぞれが自分自身のスキルを活かして成功することや、自分の能力を開花させることを認める社会となるべきではないだろうか。しかし日本では、成果を管理しようとする傾向がある。日本のここ一五年ぐらいの運動会では（ちなみに運動会や体育の日の活動も組織化されたものである）、全員が勝者となるという。なぜなら速い走者は速い走者と、遅い走者は遅い走者と、肥満気味の人は誰かと一緒に走る、というようになっているからである。日本の経済産業省は、他者より過剰に抜きんでる人や企業をつくらないようにしている。いわゆる横並びである。横並び主義によりクリエイティビティーが損なわれているとすれば、将来に向けての成長を考えた場合、これは日本にとって実に大きな問題ではないだろうか。

道徳の問題　アメリカでは多くの人々が教会や礼拝堂に行く。ユダヤ・キリスト教社会に暮らしているので、善悪についての絶対的道徳を信じている。道徳は揺らぐことのない定まったものであり、正しいものはいつも正しく、間違いはいつも間違いである。これに対して『ひきこもりの国』でとある社会科学者の言葉を引用したように、日本で今日正しいとされることは、「一番多くの人が現在正しいと信じていること」に他ならず、明日になって皆の考えが変われば、それはもはや正しいものではなくなってしまうのである。このように日本の道徳は固定化されておらず、流動性をもっている。超越的で普遍的な真実ではなく、状況に依存しているとも言える。このような心理的な要因は今後の日本社会のあり方と結びついていると考えられる。

社会変化の要件　ケビン・ケリーという人がアメリカのニュー・エコノミーについて著述した本の中で、二一世紀のグローバル化した世界の中でのインターネットによるネットワーク経済は技術力により構築されたが、それは実は対人関係の中に構築されたものであったと語っている。半導体のチップに始まり、人々の信頼感をもって完成するというのである。彼の議論で非常に興味深かったのは、半導体と人々の信頼感を結びつけたところである。一方における成功は、他方における成功なしにはありえない。半導体でできあがったネットワーク社会は、それを使う人間関係の信頼関係がなければ機能しないのだ。

ひきこもりは日本という国が、グローバリゼーションの中で直面する、「開かれた、ダイナミックな社会をつくっていくにはどうするべきか」という課題を表出したものではなかろうかと考えている。この二五年間、日本は「ようこそ日本へ」と言ってきた。しかし、実際にオープン化を実現するのはきわめて難しいことが証明されてきた。日本が本当にオープンになるということは、日本独自のルールではなく、グローバルなルールを構築することだからである。「グローバルスタンダード」は日本語にすることができるにもかかわらず、それはカタカナ表記である。基本的に、カタカナで表記されるのは外国の概念であることを意味している。それは外の概念であり、真に自分たちのものではなく、しっくりこないものなのだ。内集団、そして外集団との社会的信頼を構築するのは、二一世紀の日本をオープンにする作業の要件の一つである。社会全体は「排除」ではなく「受容」の方向に動くべきである。具体的に言えば、より持続力のある日本を構築するためには、いじめの本質をなくし、「人と異なること」を許容しなければならない。

アメリカの話で私がよく用いるのはスティーブ・ウォズニアックである。多くの人は彼が最初のパソコンをアップルで作ったことでご存じであろう。スティーブ・ジョブズのほうが今日ではより有名であるが、彼は営業の人であり、ウォズニアックは技術者である。私はもしスティーブ・ウォズニアックが日本に生まれたとすれば、彼はひきこもりになっていたのではないかと思っている。ウォズニアックは学校ではあまり人気者ではなく、ほとんど友達もおらず、他の人とうまくやることができなかった。しかし彼の父親は、半導体やチップ、電化製品への彼の奇妙なまでの関心を認め、機材を買い与えたのである。今日の日本の学校ではこのようなことはあまりなく、まるでひきこもりが部屋の中に閉じこもっているように、潜在的なクリエイティビティーは置いてきぼりとなっている。

日本は、閉じこめられたクリエイティビティーを表に出させてやり、グローバルな社会の中で他者と交わることを学ばせなければならない。そうでなければ日本自体がひきこもりになり、「ひきこもりの国」になってしまう。日本は未だ経済的に豊かで、二〇〇八年現在貿易収支は黒字であるが、これからは深い痛手を負うことはないまでも徐々に経済的に停滞する、というのが最もあり得るシナリオである。社会を急進的に変化させる勇気をもって、よりオープンかつ個人主義的で、二一世紀の社会にセンシティブであること、これが日本が直面している課題であろう。

これらの課題については詳細な研究が必要である。文部科学省や厚生労働省のようなところには、日本が今後どのような教育、精神保健、社会科学などのシステムを構築するかについて真剣な対応が求められるだろう。より多くの国際共同も求められる。社会精神面での問題への対処に関しては、支援活動においても研究面でも、日本は未だグローバルスタンダードには達していないと言って過言ではない。日本の研究機関が外国の研究機関と共同することが重要である。また、経済界や産業界からのコミットメントも必要である。若者の問題は二一世紀の働き方についての問題であるため、経団連のような財界を巻き込んでいくことも必要である。学校が二一世紀の課題を乗り越えることができないならば、才能あふれるクリエイティブな若者は、外国に行ってしまうか、自室に閉じこもるかしかない。いずれにしても二一世紀に競争力をもたせ成長させる職場とはどのようなものであるべきかを考えねばならない。総じてひきこもりは単純に学問的な問題なのではなく、広く日本全体の問題と関連していることを指摘し、今回の日本社会におけるひきこもりの議論が、今日そして将来に向けてのさらなる議論のベースとなることを期待したい。

第二章
自己矛盾のメンタリティー——ひきこもりの文化心理学

北山　忍

一　暗黙にきざまれる文化

文化と心の問題を考えはじめてからすでに四半世紀が経つ。アメリカ・ミシガン大学での留学生活にはじまり、京都に戻り、再びアメリカに戻ってからも、文化の問題は研究テーマとしても、自分の生活としても重要であった。人間にとっての文化は魚にとっての水のようなものとフランスの社会学者、デュルケームが指摘したが、どこかある特定の場所だけに住んでいると、文化に気づくことはほとんどない。おそらく魚が水の存在に気づかないのと同様であろう。

アメリカに行き、日本では当たり前だったことが通用せず、こっちからたたかれたり、あっちからたたかれたりしていると、文化のもつ力に気づかされる。それまでは、単なる「水」だと思っていた日本での日常生活に自分がいかに影響を受けていたのか。日常生活の中で我々が自動的にあるいは無意識に行動している中にも文化は刻みこまれている。日常の中の習慣（たとえば、そもそも人と付き合うときはこういうふうにするとか、ものを話すときにはこうするのだといったような決まりごと）は暗黙のもので、おそらく何十年、何百年という時間の中でつちかわれ、蓄積してきたものである。そして、それは無意識のレベルで私たちの心に影響している。しかし、同時に、文化のこのような効果は無意識であることが多いだけに、意識的に考えることと対応している必要はない。後から述べるように、現代日本人の多くは、無意識のレベルでは人間関係に対してとても敏感なのに、意識のレベルでは関係性を否定しているように思われる。つまり、日常の生活での自動的な反応を見てみると、とても関係志向的であるが、意識的態度に関しては関係否定的になっているようである。すると、ここに一種の自己矛盾が生じている。本稿では、この自己矛盾が、日本におけるさまざまな問題を分析する鍵ではないかと問題提起しようと思う。ひきこもりの問題を扱う際にも、この分析が有効になるかもしれない。

二　自分と他分

つい先日、大阪大学社会経済研究所の西條辰義先生の話を聞いた。自分と他者にどのように報酬を分配するのかという文脈で、人によっては何とかして自他の差を大きくしようとする、しかもその場合、差を最大化するためであれば自分の利益を犠牲にすることすらあるといった話であった。興味深いことに、ご自身の文化比較のデータをもとに日本人は欧米人や中国人などと比べてこういった傾向が特に強いと述べておられた。この話は、日本人の自己意識の本質を言い当てているような気がする。どうやら、日本人の多くは自分の利益を考える際に、他者の利益とついつい比較してしまうらしい。自分のところに予算がいくらつくかより、それが他の部署より多いのか少ないのかのほうに気が向いてしまうのだ。その結果、自分の仕事は放っておいて他者を何とかして蹴落とそうとするといったように、さもしい貧弱な精神が見られることがある。しかし、何も悪いところばかりでもない。他者や他の部署と切磋琢磨してお互いに競い合うこともある。根は一緒のところにあるのだ。つまり自己意識のなかに他者は自動的に取り込まれ、それが協調や思いやりを生むこともあれば、競争や平等意識を生むことにもなるのである。

かつて京都大学医学部精神科におられた木村敏先生が日本人の自己とは、自らの分け前のことである、したがって、自己ではなく「自分」と呼ぶのであると指摘したように[1]、日本人の自己意識は自己と他者が不可分な状態にある。自分は他者との関係の中で定義される、つまり「自分」と「他分」は、ゼロサムの関係になっているのである。したがって、他人の領分、即自分の損という考えが生じることになる。西條先生の話は、まさにその点と結びついているように思う。

自他があまりに依存し合っているので、互いに比較し合っていないと気がすまないというこのメンタリティーは他のいろいろな側面にも見ることができる。たとえば、近年多くの心理学者が「注意の幅」に文化的な違いがあると指摘してきている。京都大学の卒業生で現在カナダのアルバータ大学心理学部の准教授になっている増田貴彦君がミシガン大学で私の同僚のリチャード・ニスベット教授と行った研究[2]では、アメリカ人と日本人が日常のいろいろな場面のどこに注意を当てるのかが検討されている。結果は明らかで、アメリカ人のほうは中心的な「もの」（対象）に注意を当てるが、日本人は対象と周囲の関係のほうにより多くの注意を配分するという。

同様の結果は、私が何人かの学生と京大時代に行った知覚判断についての研究[3]でも見られる（図1）。四角の中に線分を引いた刺激を見せて、線分の長さの絶対値を周囲の四角の大きさを無視して判断するという「絶対判断」と、同様の刺激で線分の長さを周囲の四角との比率で判断するという「相対判断」を比べたところ、アメリカ人のほうは絶対判断の成績がいいのであるが、日本人の場合は相対判断の成績のほうが圧倒的にいいのである。どうやら自他の比較という西條先生のポイントは、対象と周囲というような関係さえ見いだされれば、線と枠についての知覚判断にすらも当てはまるようである。

欧米人の場合、まず対象がある。もちろん対象を周囲に関係づけることはできるのであるが、まず注意を向けて考えるのは対象なのである。よって、社会的場面では他者の利益はさておき、まず自分の利益の絶対量を考える。これに対して日本人の場合、まず周囲との関係がある。もちろん対象について考えることはできるが、その考えはあくまでも周囲と相対的なものになる。よって、社会的場面では自分の利益の相対量を考えるのである。

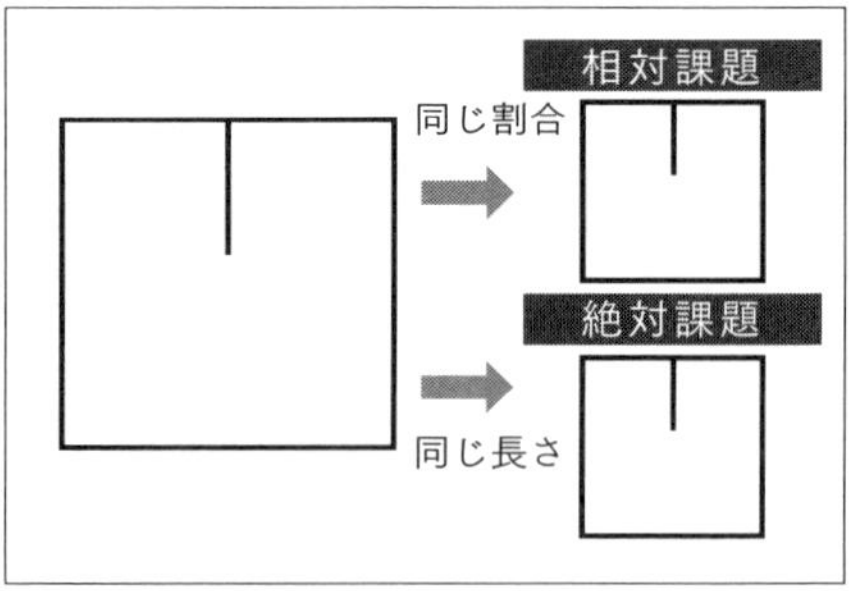

図１　線と枠課題

三　二つの自己観 ―― 相互協調と相互独立

日本人の自他相対的なメンタリティーは「相互協調的」と呼ばれている。[4] これに対して、場から切り離された自己に代表される欧米的メンタリティーは「相互独立的」と呼ばれている（図2）。相互協調的とは、お互いの協調を重視するという意味であるが、西條先生の話のおもしろいのは、自他相対的なメンタリティーは必ずしも協調的である必要はないという点である。自他の差異を大きくするとは、協調的ではなく競争的である。協調と競争では一見まったく逆であるが、この両者に共通しているのは、関係性が自己の一部となっているという点である。ちょうど子どもができて初めて親になり、また大学があって初めて先生になれるのと同様に、協調も競争も他者を必要としている。他者があって初めて成り立つ自己という概念が、日本においては広く浸透しているのである。この文化にあっては、それぞれの場面で相手がどう思っているかを察するかもしれないし、気配りするだろうといったように、人の行動とは、まわりに依存している、人が人であるためにはその人はまわりとつながらなくてはならない。したがって、その人の行動を理解するためには、その人が埋め込まれている関係性を見ないといけない、そういった人のモデルのことを、相互に協調的な自己観あるいは人間観と我々はしてきた。日本人の自己、感性、そして動機づけや性格までもが非常に関係志向的かつ関係依存的であるのである。良きにつけ悪しきにつけ、関係性がないことには協調も競争もできない。協調やら競争があって初めて生き生きしてくるメンタリティーがここにはあるのである。それに対してアメリカの文化には、人とはお互いに独立して、自分の中に自分の好みとか意見をもっていて、お互いにそういったものをもった人間が付き合って、それで社会が成り立っているという、いわば相互に独立的な人間観というか世界観というか、非常に個人主義的な人間観があることになる。文化の習慣の違いは、こうした自己観のもとに形成されてきているのである。

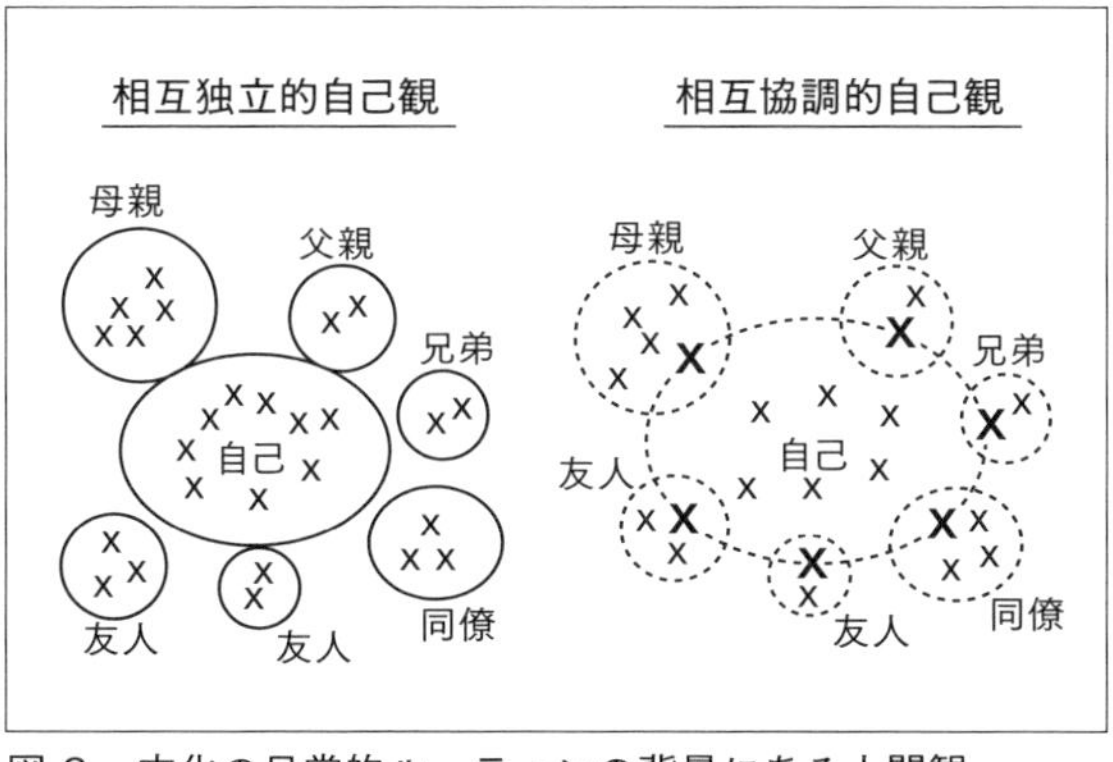

図２　文化の日常的ルーティンの背景にある人間観

四　文化と自己制御システム

人間は文化に生きることによって、こうした自己制御システムを作り上げていく。文化が異なれば自己制御システムも異なってくることになる。そして文化の相違は何気ない日常生活のなかで体現される。たとえば、「今日の天気はどうですか」などは、日本人にとっての当たり前のあいさつだが、このあいさつの背景には「今日の天気」という共有された場が実は言及するに値するという前提があるのである。これに対して、アメリカでは「How are you?」と尋ねる。その前提となっているのは、共有部分ではなく、自分自身の状態こそが言及するに値するのだという信念なのである。

同じような例では、お客さんが来たとき、日本ではお客さんのことを考えて、あそこのレストランに連れて行ってあげようとか、あるいはあの人はビールじゃなくて日本酒のほうがいいみたいだから、日本酒を買っといてあげようなどと、相手の状態を先に推測し、行動することが礼にかなったものと理解されている。ところがアメリカでは、似たような場面で「ワインが赤と白と両方あるけれども、どっちがいい？」といったように、まず最初に本人の選択を求めることが礼儀正しいとされる。こんな場面で、日本の人の多くは、どっちがいいかと言われても、どのように答えてよいかわからず、戸惑うことになる。アメリカの考え方の背後には自己表現をすることは非常に大切なことだという文化的な前提があり、その結果として、「Which wine do you like?」と尋ねることが、丁寧だということになる。こうした日常的なルーティン、習慣は異文化に出会ってはじめて気づくことになる。

五　文化と自動的自己制御システム

文化は日常生活を通じて意図することなく獲得されるため、それに対応した自己制御システムも暗黙のうちに作り出されることになる。文化の影響は自分でも気づかないうちに自動的に現れることになる。たとえば、線と枠課題では、絶対判断と相対判断の成績が観察されているし、西條先生の研究では、被験者がどのような報酬分配の方略をとるかが観察されている。これらの観察に基づいて日本人は関係志向、かつ関係依存であると結論している。実験の最中に、被験者は、自分は包括的な注意をもっているとか、私はこういった報酬分配の方略を使っているなどとはっきり言っているわけではない。おそらく尋ねたところで、自らの行っていることを正確に言い当てることのできる人はまれであろう。つまり、これらの心理特性は、いわば無意識的かつ自動的であり、その意味で、暗黙のものであるといってよい。

こうした自動的自己制御システムは、他者理解や、動機づけ、幸福感といったさまざまな心理的側面が文化と共振することを示している（図3）。たとえば、日常的なコミュニケーションでは、言葉の調子（語調）が関係性の情報になる。「君、すごいね」と言う場合でも、指導教官とか、あるいは恋人に言われた場合だと、実際に何を言われているかよりも、むしろどう言われているかのほうが大切であり、実際のところ、最近の研究[5]を見てみると、この声の調子に対するセンシティビティーが、いわゆる関係性に対するセンシティビティーと非常に結びついていることが明らかになってきている。この実験では、「すばらしい」とか「汚い」といったポジティブな言葉とネガティブな言葉を用意して、それをポジティブな語調かネガティブな語調で読んだ刺激を提示し、被験者に二つの条件で判断をさせたものである。一つの条件は、声の調子は無視して、言葉の意味がいいか悪いか判断して下さい

日本	アメリカ
自己は関係の中で安定する	自己は関係の外で安定する
やる気：他者と相対的	やる気：「自己」と相対的
他者の行為の理解：個人属性＋状況情報	他者の行為の理解：個人属性＞状況情報
注意：包括的	注意：対象に集中
関係志向的幸福観	**個人志向的幸福観**

図3　文化と自動的自己制御システム

という条件であり、声の調子のほうに自動的に注意がいくと、声の調子によって言葉の意味の判断が妨害されることになる。この妨害効果の程度をみることによってどのくらい語調を自動的に処理しているのかを測ることができる。もう一つの条件では、言葉の意味は無視して、声の調子がいいか悪いかどうか判断してもらう。この条件では、言葉の意味がどのくらい自動的に処理されているかを測ることができる。実際にこういった判断をさせて、反応時間が無視するべき情報の一致・不一致でどのように変わるかをみてみることによって、無視するべき情報にどの程度自動的に注意が向いているかを結論できる（図4）。日本人は、言葉の意味は比較的無視できるけれど、言葉の調子は無視できていないのに対し、アメリカ人は、言葉の調子は比較的無視できるけれど、言葉の意味は無視できていないということが、この図からわかる。いいかえれば、アメリカ人に比べて、日本人は関係的な情報のほうに自動的に注意が向いていることになる。

さらに、動機づけについても日本人の関係性志向があきらかになっている。動機づけとは、どんなときにやる気になるのかということだが、そこに文化が関わっている。従来の研究は、やることを自分で選択すると、一生懸命やるようになると示している。しかし選択さえすれば動機が常に高まるかというと事態はそれほど簡単ではない。どのような場面で選択をするのかが大切で、しかも選択が動機づけを高めるようになる場面の性質が文化によって異なるの

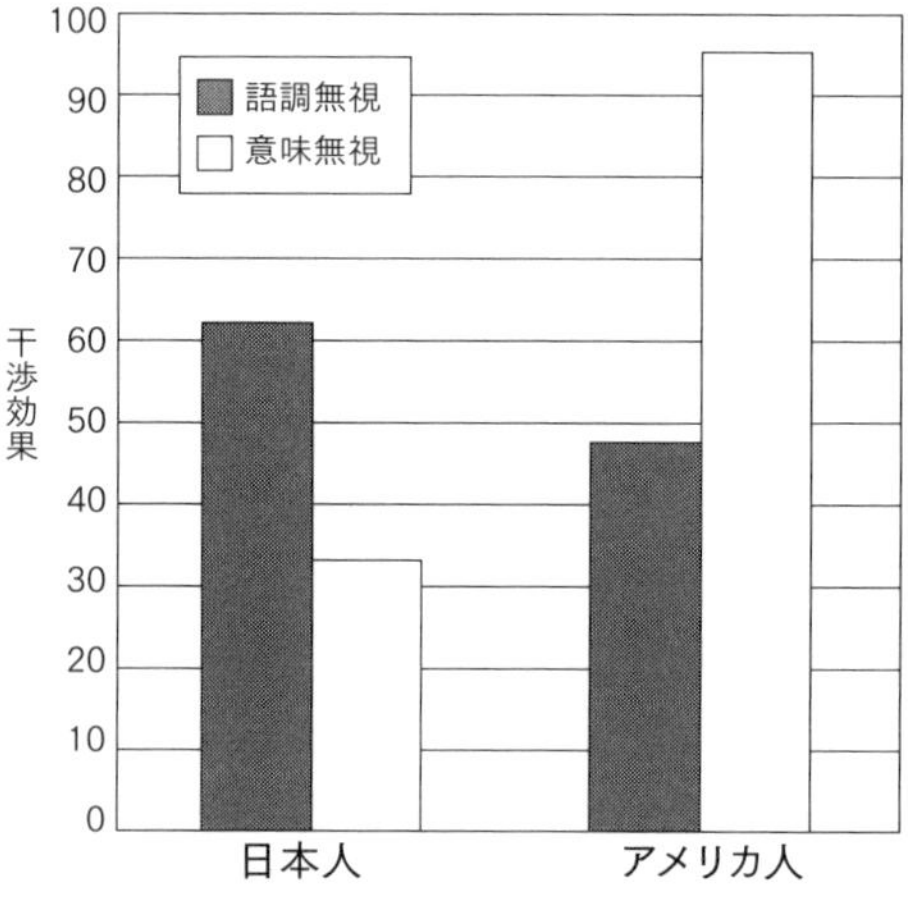

図4　日本人の語調優位とアメリカ人の意味優位

である。[6] 東洋人の場合、人の目がある場面で選択をすると動機づけが高まる。これは、人の評価が気になったり、人の期待に添おうとすることによると考えられる。これに対して、北アメリカの文化では、選択するときに他の人の目があると、やる気はむしろ削がれてしまうことになる。なぜなら、アメリカ人の場合は、選択は自分が自分のためにしたのだと感じた場合にだけ動機づけが増すのであり、他の人が見ていると、彼らから何らかの影響を受けて選択してしまった、自分の意志はなかったと勘違いするからだと考えられる。ここにも関係志向的なアジア人と独立志向的なアメリカ人という枠組みに沿った傾向が見えてくる。

日常でのモノの見方ややる気などだけでなく、幸せの感じ方にも文化差がみられることが、最近明らかになってきている。最近行った研究で私たちは、日米の被験者に幸せのもつ効果とか特徴をなるべくたくさん書いてもらった。[7] このなかには、「生きている喜びを感じる」とか「うれしい」とか「前向きに思う」とかいう、非常に一般的なポジティブな記述や、「他の人に寛容になる」とか「誰かと共有したい」とかいう対人関係的な記述、また「自分の望んだものが手に入ったときに感じる」とか「お金がある」というふうに、個人の独立的な記述、さらにおもしろいことに、「表現の仕方が悪いとねたみの対象になる」「調子に乗りすぎて逆に大きな不安を抱え込む」、さらに、幸せであるとき「自分では自覚がない」とか「心の空虚さを埋めたつもりになるものである」というような、ネガティブな記述が含まれていた。これらを別の被験者に分類してもらい、その分類結果を多次元尺度法という統計手法を用いて分析し、頭のなかにある幸福感の地図を見てみると図5のような結果が示された。まず、右のほうを見てみると、「人に優しくなれる」とか、「寛大になる」とか、「誰かと共有したい」という、いわば関係性の中の幸せといった記述があり、その下に行くと、「欲求が満たされた」とか、「お金がある」とかいった個人的な幸せが記述されている。

さらにおもしろいことに、左のほうには、「周囲が見えなくなる」とか、「表現の仕方が悪いと大変な話になる」といったような、幸せのネガティブな側面が見えてくる。さらに、「長続きしない」とか、「自覚がない」というような『平家物語』の冒頭に示される諸行無常と言ったような、無自覚、あるいは無常、無形態といった無の概念などが示されている。この地図では、幸せのポジティブな側面とネガティブな側面の軸と、幸せの個人的な側面と関係志向的な側面が見えていると言えるだろう。

こうした次元と「ポジティブな態度がある」とか、「うれしい」とか、「うきうきする」など非常に一般的な快の状態についての記述との関連を見てみると、日本人の場合は関係志向的な幸せと同じ象限に示される。これは、日本人に関していえば、関係志向的幸せと幸せそのものとはとても似通ったものであると知覚されているということを示している。これとまったく同じことをアメリカ人でやると、一般的な快の状態は個人的幸せと同じ象限に示される。つまり、日本人の場合は「うれしい」とか「うきうきする」といった幸せ感は関係志向的だが、アメリカ人の場合、より独立的だと言えるだろう。

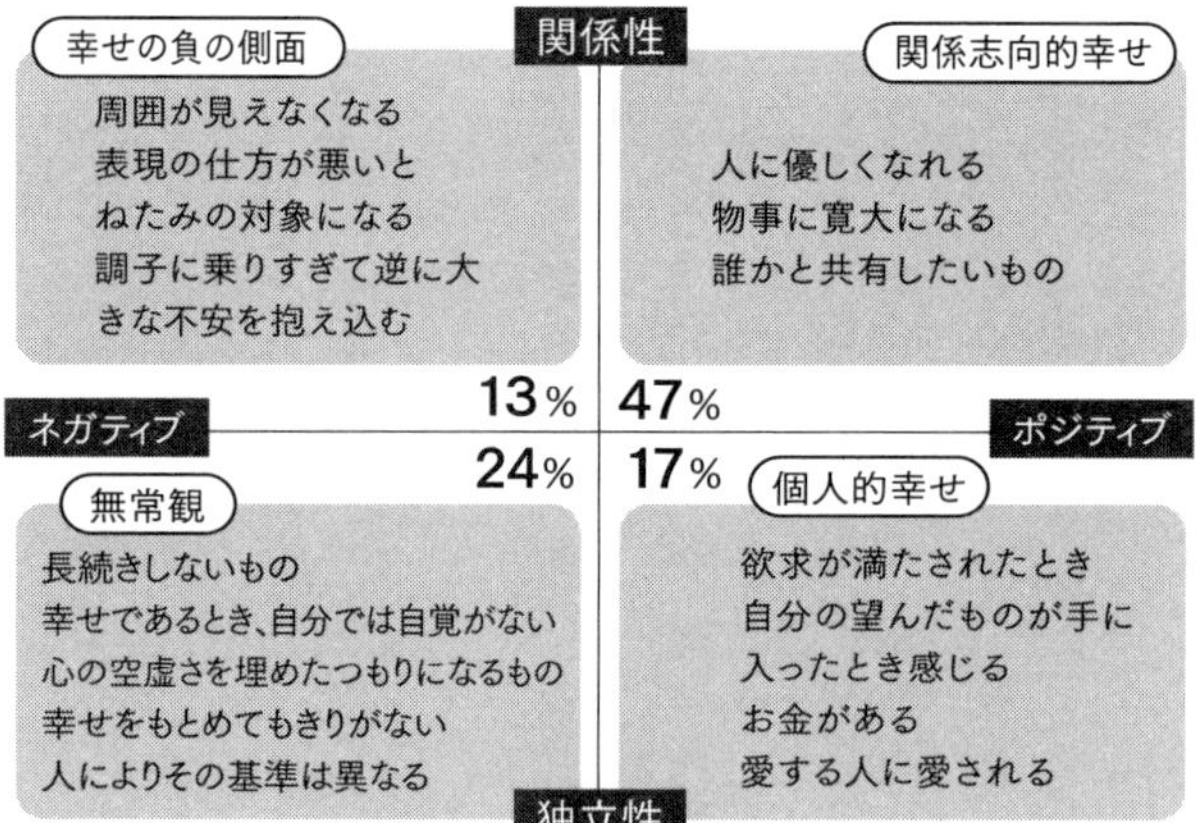

図5　日本における幸福感の自由記述

総じて、日本人の自動的な心性、自己制御の形態を理解するための鍵は、関係性であることが、ここまで報告した研究から示されたと言える。タキエ・リブラ[8]によれば、「日本人というのは関係性に埋まったときに一番人間的になる」とされ、この見解は今までの研究と一致することになる。つまり日本人にとっては、関係性の情報があると、やる気になる、うきうきする、いろいろな心理プロセスが活性化する、幸福感が高くなるとも言えるだろう。こうした自動的自己制御システムは、関係志向的な人間観、協調的な人間観あるいは世界観によって、歴史的に成り立ってきている文化の習慣に適応した結果として生じているのである。

六　自動的自己制御システムと意図的自己制御システム

ここまで自動的な心理傾向を見てきた。では「自分はＸＸＸだ」といったように明示的な自己判断でも同様の関係志向性は見られるだろうか。興味深いことに、明示的自己判断では、日本人、特に若い人は、関係性を否定する傾向がとても強いということがわかっている。これまで示した研究が「自動的」自己制御を示しているとすると、明示的な自己判断はそれとは異なる「意図的」自己制御システムということができるだろう。最近、我々は、個人主義的な態度と関係志向的な態度をどのくらい肯定するか否定するかを検討した(9)。たとえば「誤解されるよりはノーと言ったほうがましである」とか、「家にいるときの自分と職場にいるときの自分は変わらない」とか、いわゆる自分の独立性に関する考え、それに対して、協調性、あるいは集団主義に関する考え、たとえば「グループの中で決められたことを尊重するのは大切である」とか、「私は謙虚な人間を尊敬する」といったことを、どの程度正しいと思うか、良いと思うかを回答させた。その結果、アメリカの学生、イギリスの学生、そして、日本の学生を比べてみると、独立性に関しては、ほとんど文化による違いがみられなかった。ところが、協調性、人間関係に関して言うと、日本では他の国に比べて低くなっていた。ここから、意図的、あるいは意識的なレベルでは、どうやら現代の日本人の学生は人間関係を否定していることが読みとれるだろう。つまり「グループの中で決められたことを尊重する」というのはどうでもいい、あるいは「グループのために自分の利益を犠牲にする」ことはない、「私は謙虚な人を尊敬する」ことはない、といったような判断を日本人の学生が行い、さらにその傾向が、欧米と比べても非常に顕著だということが見てとれるのである。自動的自己制御において、つまり暗黙の指標ではきわめて関係志向的・依存的であるが、意図的・明示的な指標では関係否定的であることになる。二つのレベルの自己制御において自己矛盾が起きていることになる。

七　「コジンシュギ」と個人主義

さて、ここで「ひきこもり」というそもそもの問題点に立ち返ろう。私は、上に述べた自己矛盾を理解することが、ひきこもりをはじめとする最近のさまざまな問題を理解するための手がかりになると考えている。

暗黙の心理特性は、文化が何世代にもわたって蓄積してきた日常の習慣によって育まれてきている。日本の文化は、古来農耕を基盤にして発展してきたが、これに儒教・仏教といった基本的に人間関係を重んじる思想が加わって成り立ってきている。これらの日常の習慣はとても関係志向的で、思わず知らず、いわば自動的にまわりに注意がいってしまう暗黙の心理特性はこれに対応しているのである。他方、関係性を否定し、自分の利益を利己的に追求しようとする明示的な自己認識のほうは、メディアをはじめとするいろいろな情報源から得られた知識に基づいている。日本では明治時代より、西洋化するというのは、個人主義を取り入れることと表裏の関係だったわけだが、特に戦後、個人主義とは社会や人間関係を否定することだという考えが非常に強くなった。関係性とは「昔の」「古い」もので、これらの関係性から解放されることが近代化の用件であるといった議論が特にインテリ層を中心になされてきた。西洋の個人主義とは、個人の権利を根底において社会関係を作り上げる考えだが、すでに世間に埋め込まれ、関係性を前提として自己形成がなされている日本人にとって、「コジンシュギ」とはすでにある関係の「呪縛」から解放されることだったのだ。夏目漱石の個人主義の発見への驚きと喜びはまさにそれを物語る。丸山眞男などはそのような論壇の中心だった思想家だ。

ここでの議論をちょっと深めるために、そもそも個人主義とは何なのかを考えてみよう。私たちは、あたかも個人主義という実体があるように感じるが、実は事態はもっと複雑である。実は、個人主義とはとても曖昧な概念で、近代西欧の社会基盤を築いた「社会関係をつくる大前提としての個人」という考えと日本における個人主義は必ずしも同じではない。阿部がその著書『「世間」とは何か』[10]で指摘したように、個人の集合として社会がある西欧に対し、世間があってそこから自己を見いだす日本の自分は、前提が異なってくる。西欧社会は、個人主義を信奉しているが、だからといって社会や関係性を否定しているわけではない。最初の前提が個にあるのは確かだが、そこから関係性をつくるのである。ところが日本の伝統文化では最初に関係性があり、そこから個を作ろうとした。文化に規定された関係性の絆があまりに強いため、個をつくろうとすると関係性を否定せざるを得ないのではないだろうか。実際、しばらく前に「あなたにとっての個人主義とは？」という質問を京大生にしたところ、「まわりと違いがあって、孤立していること」といった答えが多かったが、このデータは、個人主義＝関係性からの解放といった図式が一般の大学生に広く受け入れられていることの例証であろう。

日本においては、個人主義に向かうこと、つまり関係を否定することは「新しく」、「近代的」で、かつ「進歩的」なことなのだという議論が戦後半世紀の間に日本全域に急速に広まったと言ってよかろう。全共闘時代まではインテリだけにとどまっていたが、バブル期に一流商社のビジネスマンに広まり、拝金主義を標榜した彼らは「エコノミックアニマル」の悪名を世界にはせた。さらにバブルの崩壊後は、今度はこれが日本全国の津々浦々まで及ぶ。たとえば、「自己責任」の名の下に地方のコミュニティーは崩壊し、人間関係や組織の規範などにひびが入ってきているところも多いように思われる。現代の若者が明示的にはとても関係否定的だというのは、過去四半世紀日本を覆ってきているこのような思想の流れの中に位置づけてみるとよく理解できる。

いずれにしても、日本文化では、過去四半世紀、関係性は明示レベルでは否定されてきた。その結果、文化的に培われてきた暗黙レベルの関係志向的自己を否定するといった自己矛盾が生じ、日本人全体が、やる気も起きないし、幸せでもなくなったし、いろんな問題を抱えてきてしまったのではないだろうか。さらに、この関係性を否定する個人主義がますます増大、肥大化して、日本にある多くの社会問題が噴出してきたと言えるのではないだろうか。

八　自己矛盾のプロセス

暗黙には関係志向的であるが明示的には関係否定的であるというのは、自己矛盾である。しかも、この自己矛盾は自己そのものに関係しているのであるから、まったくもって自己矛盾の最たるものである。ここに見られる現代日本人自己の自己矛盾は、我々に何をもたらしてきたのだろうか。

一つ思考実験をしてみよう。ここに関係性があって初めてやる気になり、関係性があって初めて目が輝き、そして関係性があって初めてどこに注意を向けたらよいか了解する人間がいたとしよう。ところがこの人は同時に、関係性のゆえに自分は本当の自分になれないでいると強く信じているとしよう。するとどうなるだろうか。まず試験で失敗するなど何か悪いことが起きると、これは何らかの関係性、たとえば、友達関係が悪いからだというように考えるだろう。すると、何とかして関係性を切り捨てようとするだろう。しかし、関係性を切り捨ててしまうと、やる気も失せ、注意も散漫になり、目から輝きも消えてしまう。そこでますます悪いことが続けて起きる結果になる。実際の原因は、自分の暗黙のメンタリティーを了解せずに関係を否定してしまっていることにあるのだ。だから、関係性を回復したらよい。しかし、すべての諸悪は関係性にあると信じているから、当人はそうとは考えず、ますます関係性を切ってしまう。これは悪循環である。暗黙のうちに関係志向の人が明示的信念として関係性を切り捨てると、きわめて深刻な結果が生じると予測できる。

私は、この悪循環が最近の日本社会が抱えてきている諸問題、たとえば無気力、自殺、ひきこもり、ニート、出生率の異常な低下などと密接に結びついているのではないかと考えている。たとえば、『ひきこもりの国』という著書の中で、アメリカ人のジャーナリスト、マイケル・ジーレンジガーは、ひきこもりの若者に限って独創的な考えをもっているといったような観察をしている。彼らは集団に縛られてはいない。したがって、彼らは集団に属するのを苦に思うのである、といった議論である。しかし、集団に縛られない、よって、ある意味で集団を否定するといった考えは、これらの若者がジーレンジガーとのインタビューで述べたことであり、したがって彼らの明示的な信念に対応していると考えられる。しかし、彼らも他の大多数の日本人同様、暗黙にはきわめて関係志向的なメンタリティーをもっていると考えられる。すると、彼らのひきこもりの原因の少なくとも一部は、上に述べたような悪循環、つまり、暗黙の心理特性と明示的信念の乖離から生じる精神の不安定と危うさにあるのではないだろうか。

日本人において、自動的な自己制御は、関係志向的であり、関係性があると自己も安定してくるし、注意が向く対象があるし、やる気も起きるし、幸せにもなることは先掲のデータから明らかである。このようなプロセスは、自動的で、多くの場合無意識である。それというのも、長年の歳月を経て積み重ねられた文化の習慣が日常の経験を通じて内在化してきたからである。同時に意図的な自己制御のシステムでは、独立的または少なくとも非関係志向的といった自己意識をもつことになる。関係性を否定して、それをもって自立とする、あるいは個人主義を遂行しようとする。この二つのシステムの乖離が、現代日本文化の揺らぎと結びついているのだと考えることができる。つまり意図的システムの非関係的アウトプットが自動的システムのインプットとなってしまい、その結果として不適合感が増大する。さらにその不適合感を修正しようとますます意図的に自立しようと考える結果、ますます矛盾が矛盾を呼び、抜け道のない悪循環が生じてしまっているのではなかろうか。この悪循環が、おそらく現代の日本のいろんな社会病理、あるいは精神病理、ひきこもりといったような現象の背後にあるのではないだろうか。

九　まとめにかえて

ひきこもりという現代の問題を解決するための処方箋として何が考えられるのだろうか。ここでの議論から、二つのシステムの統合をはかることがよいと考えられるが、自動的システムのほうは、いったん身につくと変えるのが難しいものが多い。私自身、アメリカで二〇年暮らしているが、味覚とか動作とかさらには行動などはどうしても日本人として身についたことから離れられない。心の一番根源的なところは幼いときから、自然に暗黙のうちに身についているから、それを大人になってから変えるのは非常に難しいとも言える。むしろ、意図的な自己制御のシステム、つまり何を正しいとして、何が望ましいとして、何をもって価値観として考えるのかを社会全体として見直すことのほうが容易かもしれない。社会全体を覆っている明示的な価値観を見直し、人間関係に新たな意味を見いだしていくことが肝要であると考える。確かに従来の「封建的」とも言える人間関係は「個」を紡ぎ出そうとする際の足かせになることが多かったであろう。それというのも、日本社会は、会社、地域社会、家といった社会組織の利益を第一に考え、個はそれに従属するものだとする価値観に基づいて成り立ってきているからである。これを少しでも変えて、人間関係こそが個を実現するための糧である、あるいはそのためのサポートシステムであると言った価値観を作り出している必要があるのではないだろうか。それは日本的個人主義を生成することになるかもしれない。それがひいてはひきこもりであるとか個人的な問題の解決にもつながっていくように思える。

ここに述べた議論は、今の時点ではあくまでも一つの仮説にすぎない。しかし、こころの未来研究センターの研究の一環としてこの点をより厳密に検討することで、現代の諸問題に積極的にいろいろな提言ができたらすばらしいことである。すくなくとも、学問の社会還元という意味からしたら、こころの未来研究センターあたりで是非本格的な研究を行って現代日本の心の病と社会の停滞の中に一筋でもいいから光明を見いだしていっていただきたいと期待している。

第三章　ひきこもりと日本社会のこころ

内田由紀子

「ひきこもりの国」とジーレンジガー氏が記述しているとおり、日本ではニート・ひきこもりと呼ばれる二〇代、三〇代の若者の多さが顕著である。ひきこもりが現代日本的な現象であるとすれば、個人が経験している個別の事情もさることながら、よりマクロな視点での文化と心の関係からこの現象をとらえてみる必要がある。

文化心理学による一連の比較研究からわかってきたことは、日本文化は関係志向、相互協調性からなる自己意識と、「思いやり」や「察し」が求められる人間関係の仕組みを作り上げてきたということである。つまり日本では他者との相対的な位置づけや社会的な場の中で自意識を浮き上がらせてきた。そのため、あなたはどのような人ですか、といきなり問われても、日本人にとってその回答を見つけ出すのは難しい。読者の皆さんも、一度「私」で始まる二〇の文章をつくってみてほしい。一〇ぐらいまではスムーズに思いついたとしても、その後は少し考えあぐねてしまうだろう。これはＴＳＴ（Twenty Statements Test　二〇答法）というテストであるが、実際、日本人はアメリカ人ほどスムーズに文章を作成することができない。また、できあがった文章を見てみると、アメリカ人はいついかなるときにも変化しないような、自分自身を定義づける（知的であるとか、社交的であるといったような）形容詞を用いた文章を多く作成するが、日本では「男性である」とか「大学生である」「〜県出身である」といった社会的カテゴリーが列挙される。

次に、「学校にいるとき、私は」「家にいるとき、私は」といったように、状況が特定された時の自分について考えてみてもらいたい。実はこの条件をつけると、おもしろいことに日米の傾向が逆転する。アメリカ人は「学校にいるとき、と言われても……」と答えに窮してしまうが、日本では「学校にいるとき、私はおとなしい」などのように、自己の特性を表す形容詞を用いた記述が増加するのである。(1)

このように、人間関係や、自分をとりまく状況は、日本人のメンタリティーの基盤となっている。では、いったいなぜひきこもり状態にある人たちは、このように「重要な」関係性を断ち切ってしまうのだろうか。本章では文化心理学的に、なぜ現代の日本社会でひきこもりが顕在化してきたのか、社会と「心」の関係から論じてみたい。

一　日本におけるひきこもり

韓国でのひきこもりに似た症例についての報告(2)や、ニートはそもそもイギリスで問題とされるようになったという経緯(3)を見れば、必ずしも「ひきこもりは日本固有の文化的シンドローム」と片付けてしまうことはできない。しかし、日本において実際にひきこもりがこれだけ問題視され、その数は七〇万人以上とも報告されているという現状、さらにはひきこもりを可能にするような文化・社会構造的要因を鑑みたところ、これを日本の文化・社会的な特徴の一つとしてとらえる視点の妥当性に疑問の余地はないだろう。

内閣府による平成二二年の「若者の意識に関する調査（ひきこもりに関する実態調査）」[4]で報告されている、平成二二年三月三一日時点での全国の一五歳から三九歳の男女五〇〇〇人への調査では（有効回答数は三二八七人）、「ふだんどのくらい外出しますか」という問いに対して、「趣味の用事のときだけ外出する」「近所のコンビニなどには出かける」「自室からは出るが、家からは出ない」「自室からほとんど出ない」という状態（広義のひきこもり状態）が六ヶ月以上続き、統合失調症などの病気や妊娠・出産・育児、家事をしていない者は有効回答者の一・七九パーセント（五九人）特定されたという。ここから内閣府は広義のひきこもり状態にある人は日本全体で七〇万人近くにのぼると推計している。

ひきこもり状態にある人たちの六割は男性であり、また、全体の四割以上が三〇代である。そして一〇年以上もひきこもりを続けている人たちもいる。ひきこもりの長期化は社会復帰を阻む主たる要因とされている上に、生活を経済的に支える親の世代の高齢化や定年退職などの問題とも相まって、問題を深刻化している。一〇年以上という長期のケースの家族には、絶望感や多大なる閉塞感がある。

二　日本のひきこもりの文化・社会構造的要因

第二章で北山忍が述べているように、現代日本社会においては「アメリカ的な」個人主義的価値観が導入されたことで、日本人は価値観の揺らぎを経験することになった。このことはひきこもり行動の増加と無関連ではないだろう。

日本的なひきこもりの文化・社会的要因として本章で指摘したいのは、この一五年ほど日本が経験してきた経済的低迷における雇用機会の喪失とグローバリゼーションの影響[5]、そして社会的流動性の低さとつながる場ベースの人間関係、さらにはいったん「こもった」後、復帰が困難な社会システムである。

1　ひきこもりの世代：団塊ジュニアの苦悩

ひきこもりが多いとされる二〇代後半から三〇代の世代は、バブル経済後の一五年間の景気低迷を経験した世代である。一九九三年頃に大学や高校を卒業した世代は「団塊ジュニア」で人口が多く、競争の激しい世代であった。その親世代である「団塊の世代」は同様に競争の激しい世代であったが、競争が新たな生産を生みだし、将来の日本に期待と希望をもち邁進することができた。もしも経済的に恵まれていない家庭の出身であっても、勉強をして良い学校に行き良い成績を収めれば、現状を脱却し、社会階層を上昇させることが少なからず可能であった。竹内によると[6]、文部省（当時）の調査では一九七六年から一九九三年の一七年の間に通塾度が小学六年生で二六・六パーセントから四一・七パーセントに、中学三年生では三七・四パーセントから六七・一パーセントに、それぞれ一気に上昇しており、おそらくこの間に受験競争が過熱化したのではないかと述べられている。激しい競争は「傾斜的選抜システム」という学校の細かな序列によりノン・エリート・サラリーマンにまで及び、競争的な教育による階級争奪戦が過熱化した。

団塊の世代は自分の子どもである団塊ジュニアに同じようにハッパをかけて「達成志向」をもって育てたことがわかる。しかし経済成長は長くは続かない。バブル経済は崩壊する。果たして団塊ジュニアは、高校や大学を卒業する頃になって、努力は簡単には報われないという現実（「就職氷河期」）に直面することになる。切磋琢磨が必ずしも「出口」で救われなかった、ブリントンのいう「失われた世代[7]」である（ちなみに筆者自身も団塊ジュニアである）。

団塊の世代と団塊ジュニアの世代は、同世代内の競争性ゆえ、それまでの日本社会の中にあった相互協調的、関係志向的価値観からの転向を積極的に求めた世代である。そして折しものグローバリゼーションにより、人々は個人主義的価値観を積極的に導入し、伝統的な関係志向性に価値を置く社会構造から、競争・達成志向的個人主義に価値を置く社会構造へとシフトさせようとした。実際、筆者が大学生だったとき、「格好いいライフプラン」と言われたのは外資系の企業に就職し、数年で辞職して、より条件が良く、かつ自分の能力を活かすことのできる会社に転職することであった。その当時公務員などの手堅い職業に就こうとする友人たちは、「何十年後の給料が決まっているような人生が楽しいのか？」と問いかけられていた。このように流動性の中で達成志向を磨こうとする個人主義的風潮は確かに存在した。しかし一方で、就職氷河期と経済不況を迎え、「夢のような」流動性の中でいつまでも遊泳するわけにはいかないという現実も突きつけられ、「勝者と敗者」という図式が顕現化していった。

しかし、厳しい現実にあってなお、親世代も子世代も、競争による「個人化」への執着は捨てきれなかった。これは当時から出てきた「自己責任論」にも見てとれる。自己責任は、本来的には主体が自立的に何かを選びとり、それに対して責任を負う、ということを意味する。しかし日本の「自己責任論」はあくまで西洋からの借り物であり、本当の意味で「自分で主体的に選び、責任をとる」ということを伴っていない。日本人の自我はそのようには確立されていないし、本当の意味での選択肢は日本の社会の中には多くは用意されていないのである。したがって自己責任からは主体的選択が欠落し、結果の後始末を個人でやる、ということだけに読み替えられてしまった。その証拠に、日本の「自己責任論」は、当人の過失を周囲が引き受けたくない時にだけむくむくと現れてくる、ネガティブなものになっている。そもそも自立的で主体的な個人というものが確立されていない日本の社会で、「自分だけで責任をとりなさい、だってあなたが選んだことでしょう」というのは、他者からの断絶、最後通告でしかない。

「選択の主体性」の問題については、北山らが非常に興味深い結果を示している。彼らは「認知的不協和理論」の実験パラダイムを用いて、同じぐらい好きだと評定された二枚のCDから一枚を「選択」してもらうという実験を行っている。そのあとにもう一度CDの好みを聞いた時に、選んだものを選ばなかったものより好きになるならば、それは選択の正当化である。この正当化が、アメリカでは普通に起こるが、日本では「他者」のことが想起される状況になければ起こらないというのである。つまり、自分の行動に積極的な意味をもち、「責任」をとることができるような選択は、実は完全に他者から切り離されて主体的に行われているわけではない(8)。

西洋の個人主義は、自立性と自発性を内包させている。自分の行動は、自分の意思に基づいて行われるものであり、それゆえに、行動の責任は個人がとるべきであるとしている。個人が誰にも邪魔をされることない意思決定こそが良い帰結をもたらすと考えられるため、社会の中に選択肢は多く設けられる。人々は転職などの機会を数多くもつなど、過去の来歴にこだわらずにその時々でベストの選択を行えるようなセッティングが用意される。

このことはアメリカの社会心理学において、「自己決定理論」、あるいは「内発的動機づけ」という、自由選択にまつわる理論が傑出していることからもわかる。また、日常生活においても選択が重視される。アメリカのスーパーマーケットでは同じようなシリーズのシリアル商品がずらりと並べられ、サンドイッチを売るチェーン店ではパンの質や焼き方、さらには細かい中身、スパイスの内容・量まで選択せねばならない（筆者はいつもアメリカのこの手の店で選ぶことに疲弊し、「セットメニュー」とか「本日のおすすめ」の良さを再認識する）。広告には「あなたならできる」「あなたはどれを選ぶ？」というキャッチコピーが入る。日本でも近年「あなただけのカスタマイズ」といったコピーがよく見られるが、これもこうした価値観の導入による影響であろう。

しかし日本においては、このような個人主義的選択の基盤がない。宗教的・思想的基盤もなければ、それに応じて形作られてきた制度的仕組みもない。しかし表面的原理だけは取り入れてきた。こうしたことは北山が第二章でも指摘する「暗黙の価値観と意識的価値観の矛盾」として経験されている。そして経済的状態も低迷し、敗北感を味わった団塊ジュニアの世代の一部は、自己責任の名の下に、社会の中から徐々にドロップアウトしてしまったのかもしれない。

2　場をベースとする人間関係

アメリカでは自尊感情が重要視され、幼い頃から自らが特別に良い特徴をもった人間であるはずだというような気持ちを抱かせる教育がなされている。自己主張をはっきりさせるばかりでなく、自己主張を「自信をもって」行わせることに価値があると考えられている。最初に紹介した、「私」についての文章を書いてもらう調査では、日本ではまったく目にすることの無いような記述が出てくる。典型的な例は「私は良い人間だ」「私は頭が良い」「私はリーダーシップがある」。これぐらいなら日本の学生でも書きそうだと思われるかもしれないが、実際に日本で同じことをやってみても、なかなかこういったものは見られない。「私は大学生だ」のようなプロフィール的な回答が多い日本の学生の記述の中に、個人的な特徴がやっと見つけられた場合でも「私は優柔不断です」「やる気があるのか無いのかよくわからない」「人見知り」といった、やや否定的な響きのある記述のほうが多い。一方でアメリカでは、相当ポジティブな記述さえ見られるのだ。たとえば「私はどんなこともうまくできる」「私にできることはたくさんありすぎてここには書ききれない」「私は最高だ」「私は美人だ」といった具合に。

ここまで自分を「人並み以上」に見せようとするのは、流動的な社会の中で、友人やパートナーは「選び選ばれる」存在であり、自己アピールを行っていかなければ社会関係から外れてしまうという事情がある。[9] 他者と比較して自分を実際以上に高く見積もる効果のことを「人並み以上効果」と呼ぶが、北米ではほとんどの人が一般的な他者より自分が望ましい特性をもっていると知覚している。アメリカの高校生を対象とした調査では、「リーダーシップ」について、七〇パーセントの人が自分は平均的高校生よりも上であると答え、平均よりも下であると答えた人はわずか二パーセントしかいなかったという。[10] 現実には上位から下位までのランク付けが存在し、平均よりも上の人が七〇パーセントもいるということはありえない。つまりこのような結果は、ほとんどの人が自分を実際以上に肯定的な存在として認識していることを示している。さらに、アメリカでは試験などで良い成績をとった時の成功を「自分の能力」などの自分の内的な能力や特性により得られたものと考え、逆に不合格などの失敗は「運」や「試験の内容」といった外的な要因により起こったと考える。[11] このような認知はもちろん現実と異なることがある[12]（自己高揚的帰属バイアス）。

筆者はアメリカと日本で友人関係に関する調査を行ったことがあるが、アメリカ人に「良い友人の特徴」を尋ねると、多くの場合「信頼できること」「自尊心が高いこと」「能力があり、つきあう価値があると感じさせること」といったような記述が多く見られる。アメリカの社会においては、友達になってもらうためには良い特徴をもっていることを周囲に示す必要があるのだ。そして一度「友人」として選ばれたら、それは自分が認められたことを示すものであり、自己評価をさらに高く感じることができる。[13] つまり「選択ベースの対人関係」なのである。

これに対して日本の調査からは、「場ベースの対人関係」が構築されていることが見えてくる。日本人に良い友人の特徴を尋ねると、「趣味が同じ」「話題が共通している」「苦労をともにした」というように、何らかの共通の基盤についての回答が多く挙げられる。友人を「選んだ」という感覚をもっている人は少なく、同じクラス・クラブだったりすることで場を共有し、結びつきを確認している。

このことは、日本社会がアメリカと比べると人口の移動や転職・離婚などの「流動性」が低く、場の中でのネットワークを大切にすることと関連している。かつて山岸が日本は従来のつきあいによる「安心」をベースとする社会であり、アメリカのように良い相手を見極める「信頼」をベースにする社会とは異なっていることを指摘しているが[14]、その論に従えば場の関係性は「安全・安心」を保証する基盤と言えよう。このような安全・安心の場の中では、自分をアピールし、「選んでもらう」ことは必要ではない。むしろ場の中で相手とうまく折り合いをつけることのほうが重要となる。

しかし先ほども述べたように、日本はこれまでなんとか自立性・主体性に基づく社会を構築しようともがいてきた。たとえば「コネ・口利き」や「年功序列・終身雇用」など、日本のタテ社会[15]を支配していた原理は少なくとも表向きには忌避の対象とされた。アメリカの流動型社会・個人主義社会に機会の平等性と拡大を求めたのである。残念ながら、こういった概念が導入されても、これと本来抱き合わせでやってくるべき、このようなストレスに耐えることを可能にする「強力な自尊心」は育てられていない。また、「選ぶ」ことは何かを「切り捨てる」ことと裏腹であり、そういったことにも耐えられる特性も育っていない。

日本の企業に勤める四〇代から五〇代の中間管理職の男性の悩みの一つに、能力主義や業績評価をどのようにすればいいのかということがあった。会社が能力主義による業績評価を取り入れ、中間管理職は部下たちを評価する立場になる。しかし「誰の目から見ても文句なく」功労賞に値する働きがあるケースはまれであり、ほとんどの社員は組織の中の仕事をこなしている。日本はスペシャリストの集まりとしてではなく、それぞれが分け前と持ち分を互いに理解した上で、一つのプロジェクトを成し遂げる組織形成・運営を行っている。ゆえに、誰かがぬきんでる仕組みにはそもそもなっていない。また、互いの置かれた状況もよく理解し、適宜フォローを入れ合っている。そのような場合に、誰をどのように評価するべきなのか。中間管理職の社員の悩みは、上層部が「違いが明確になるような順位づけた相対評価」を求めてくることに対してのジレンマであった。これは、日本に純粋な評価がないということを述べているわけではない。むしろ、彼らは組織の中で子細にそれぞれの社員が良い働きをする信頼に値する人物であるかどうかを見極めている。しかし、そういった人材をひときわ「能力がある」と個別化して取り上げてしまうならば、彼らの「場」は失われ、とたんに彼らがもっていた特性である「周囲と調和して役割をこなす」という機能が失われてしまうことに他ならない。良くできる部下であればあるほど、そのような取り立て方には向かないと感じていたこともまた彼らのジレンマであったのである。

場が失われることは日本の社会に暮らす人々の心にどのような影響を与えるのだろうか。そもそも、日本では情緒的なサポート（精神的な励ましや支え）を受けとっていると感じることにより周囲の人との結びつきを強く知覚し、幸福感を高める傾向が強い[16]。つまり、自分を励まし、支え、大切に思ってくれる他者がいること、その存在により精神的に助けられる場面が多いということである。こうしたサポートを与えてくれる相手（サポート源）は友人や家族であり、自分の置かれた「場」である。日本文化の中では場の中でやりとりされるサポートや思いやりを重視する[17]。そして「助けて！」と相手に伝えることによってサポートをもらうのではなく、なんとなく助けてほしいという雰囲気を相手に察知してもらって受けとるサポートに価値を感じる。それは相手が自分に注意を向けてくれたことを意味するからである。

頼まれなくても助け合うためには、相手に注意を向けておくことが要求される。アメリカのようにつきあう範囲が広く、また流動性が高い社会では、このような察しを成り立たせるのは並大抵ではないし（そういうことが得意な人ももちろん存在するが）、多くはそのようなことに限られた認知的・時間的資源を裂くよりは、お互いに助けてほしいときに明確に伝えることでそのややこしさを回避する道を選んでいる。[18] 翻って閉じた関係の中での場を重視してきた日本社会では、なまじ察しのやりとりは不可能ではなく、しかもそれによって互いが「場」の中に内包されていることが確認しあえるのである。

アメリカのように「助けて！」と声をあげることでサポートを得ることに慣れていない日本人は、たとえ「場」がなくなってしまったとしても助けを求めず、誰かが気づいてくれるのを待つという受け身の姿勢をとってしまいがちである。しかし場がないのに受け身の姿勢で待っていても、誰も自分に注意は向けてくれない。サポートがもらえなくなって孤立する人たちの居場所はどこにあるのだろう。

ブリントンが『失われた場を探して』で指摘しているのは、場が失われたことで漂流することになった高卒後の若者についての分析である。かつては学校という「場」からの援助を受けて職を得るという、「場から場への移行」がスムーズであったという。個人は主体的・自立的に就職先を選び取らなくても、既存の場がそれを支援してくれた。しかしこの場つなぎ機能がうまく機能しなくなったというのである。

NPOが行うひきこもり支援の一つのタイプに「居場所作り」というものがある。ひきこもりが長く続いていた人たちの「場」を提供するということで、同じ悩みや経験をもつ人たちとの集まりから少しずつ心を開き、他者との関係を構築することには一定の評価ができるだろう。しかし、その「場」が、そこだけで閉じてしまって、社会の中にある場との接点がもてないとすれば、やはり広い範囲でのサポートを得ることは難しい。「場」とは、自分の居場所であり、かつ世界とつながっている場所でなければならない。

3　復帰困難社会

ひきこもり状態にある人が「世界とつながる場」への復帰を阻む大きな壁がある。日本社会に根強く残る

「空白を嫌う」傾向である。

就職活動でうまくいかなかった学生が卒業を延期し、もう一年余分に学費を支払って学生として在籍し、新卒採用に再チャレンジするという現状もある。それなりのコストをかけてでも空白を埋めようとするのは、空白によっていったん（たとえそれが短期間であっても）「無職者」のレッテルが貼られたとたんに、将来の可能性が減じられるというシステムが存在するからである。皆がそのように信じて行動すればするほど、そのような社会的現実としてのシステムは維持・強化されていく。この「復帰困難社会」は、ひきこもりの長期化をもたらす要因の一つであろう。ひきこもりの期間が長くなればなるほど、どんどん「良い仕事」を手にできる確率は下がっていくという現実を受け入れるのは難しい。しかし、そもそも自分のもっていた能力やレベルに見合わなくてもやり直してみる、という気持ちをもたなければ、悲しいことに分は悪くなる一方なのである。

この復帰困難社会のシステムを多少なりとも緩化させることは、政策関係者並びに企業が考えるべきことの一つであろう。かつてのような日本経済が上向きだった頃と異なり、個人の能力や資質があったとしてもさまざまな事情で履歴書に空白をもたざるを得ないこともある。こうした期間を成長やキャリアアップに必要なプロセスとしてとらえ直すことはできないのだろうか。短期的な「こもり」行動に不寛容であることがひきこもりの長期化を招いているのだとすれば、これは見直さなければならない事態である。

三　日本のひきこもりの心理・家族的要因

ここまで、ひきこもりに関連する日本の文化・社会構造的要因について述べてきたが、ここからはもう少し心理的な要因に焦点を当てて考えてみたい。まず、親子の共依存的関係の問題、次に動機づけに関する問題を取り上げる。特に日本で必要とされる「努力による失敗の克服」がひきこもり傾向が高くなるほど難しくなる点に注目したい。

1　家族という殻

マイケル・ジーレンジガーの著書『ひきこもりの国』[19]では、親の感情状態や両親の関係性に敏感な若者たちのケースが紹介されている。

自宅にこもり、外に出なくても何とか生きていけるのは、家族との同居による居場所の確保もしくは何らかの経済的な支援があるからだが、調査[20]によると、彼らの親との関係はあまり良くないことが多く、密接である一方で、互いを客観的に受け入れられていないアンビバレンスが存在していた。ひきこもり状態の子どもをもつ親は、子どもに対して一生懸命にやってきたという感覚をもっている。ところが子どもの側からは「親が自分のすべてを受け入れてくれていない」というような感覚が高かった。こうした「親からの拒絶の認知」は基礎的な自信を低下させ、ひきこもりに結びついていることが示されている。これは、先述したような団塊の世代と団塊ジュニア世代との、競争主義がもたらした成果のギャップが生み出した心理的な溝からも来ているかもしれない。

日本文化の特徴の一つとされる場の中の「察し」や「思いやり」は、時に「甘え」や「もたれ合い」の関係を作り出す。その居心地の良さをいったん味わいどっぷりつかると抜け出すのは難しい。そして「言わなくてもわかってくれるでしょう」は「なぜわかってくれないんだ」という怒りに簡単に変わってしまう。家族、親子という殻の中で、お互いの欲求を相手に投影した世界を作り出してしまい、さらにそれを「恥意識」

というオブラートで外界から隔離することによって、自分自身の力を信じる基盤が弱まってしまう。核家族化が進んだ日本の家族の構造の中で、そして団塊の世代の家庭で典型的に見られた「父親不在、母親が育児の責任主体」という関係性の中で、母親と子どもの共依存は加速しやすい状況にあったことも否めない。母親が自分の子どもの成功を自分の成功に読み替えて感じとることに子どもは思いのほか敏感であり、「良くできる子でなければ受け入れてもらえない」という「拒絶感」を、少なくとも主観的には経験してしまっている。

こうした家族関係がもたらす閉塞感は、『扉のむこう』（二〇〇八年製作）というひきこもりを描いた映画においても映し出されている。イギリス人のローレンス監督が、日本のひきこもりに着目し、さまざまな取材を行って仕上げたこの作品では、ひきこもりの原因についての具体的なところはあえて書かれておらず、息子がひきこもったところから始まる家族の有様がドキュメンタリー調で淡々と追われている。中学生の息子が突然ひきこもる。母親は腫れ物を触るように最初は静観し、ドアの外から声をかけ続ける。しかしその声かけは「ごはんできたわよ」「ごはんさめちゃうわよ」といった、日常の範囲を超えないものに終始し、コミュニケーションをもつには至らない。父親は息子がひきこもっていることに気がついていない。外に助けを求めようと妻に相談をもちかけられたときにも、家の恥になる、家の中で解決すべき問題だ、として取り合わない。両親の不仲は加速し、最終的に二人は別居の道を選ぶ。母親は「お父さんとお母さん、どっちと暮らしたいか、○をつけてね」と言って「お父さん、お母さん」と書かれた紙を息子の部屋のドアの隙間から差し入れる。戻ってきた紙を見ると「お母さん」が黒く塗りつぶされている。しかし結局は母と暮らすことになることが描かれている。

この映画で印象に残るのは、ひきこもりの息子の弟についても描かれていることである。弟は、やり場のない寂しさや怒り、母親への同情といらだちを同時に内包させている。それが直接の原因かどうかはわからないが、学校でも周囲とうまくいかなくなる。最終的には父親とともに母・兄とは別居する道を選ぶ。親にたとえ長期的対処の覚悟があっても、きょうだいにそれを共に引き受けろというのは酷なことである。家族の問題である「ひきこもり」がもたらすきょうだいへの影響の問題を考えていくことは重要であると感じさせられる。

2 脱却を阻む自信の低下

ジーレンジガーは「ひきこもり」を「圧力が高く、制約が多い」社会から抜け出して、古いルールを捨ててグローバルな価値に移行したいユニークな人たちとして描いている。

ひきこもりの中には、確かにそういった人物たちもいる。筆者とノラサクンキットとの共同研究[21]で作成された「ニート・ひきこもり尺度」（表1）からは、このカテゴリーの中に三つの志向性（図1）の存在を見いだすことができる。この尺度はそもそも、ニートやひきこもりに関連する調査研究で示されたいくつかの特徴について項目を整理して作成したものである。尺度の構成要素の第一が「フリーター生活志向性」であり、日本の伝統的な規範をもつ階層社会の中で「働く」ことに対する拒絶感を表す要素である。ここには、他者と共同して社会の一員として働くことへの拒絶や不安も隠れている。第二は「自己効能感の低さ」であり、コミュニケーション能力や社会で働くスキルについての自信のなさである。先述のように、親からの受容感の低さとも結びついていることから、人との間の中で自己を定位できず、ネガティブな形にゆがんだ自己愛とも共存している可能性がある。第三は「将来の目標の不明確さ」である。大方の大学生は四年の間にうまく何かを見つけたり、または何かをあきらめたりすることを通して着地点を見いだしていくが、「私は何をする

表1　ニート・ひきこもり尺度の項目

因子1：フリーター生活志向性	
2	(卒業後)急いで仕事に就く必要はないと思う。
10	(卒業後は)好みの生活スタイルを優先したいので、フリーター生活のほうがいいと思う。
11	(卒業後は)生活の基本は親に頼ることができるので、色々楽しみたい。
12	(卒業後)安定的な身分・所得を得ることはそれほど重要ではない。
8	(卒業後)自分の才能を十分に発揮させるには仕事を持つことが必要だ。
6	(卒業後)働くことの意味がなかなか見出せないと感じる。
1#	(卒業後)働かない人間は怠惰になってしまうと思う。
5	(卒業後正社員のような)堅苦しい仕事につくことは避けたいと思う。
18#	勉強しておくことは将来就職した後のためにも、必要だと思う。
13	正社員の仕事は、キツくて、ただ辛そうという印象がある。
7	(卒業後)私生活を犠牲にしてまで仕事に打ち込む必要はないと思う。
4#	(卒業後)働くことは社会への義務であると思う。
3#	(卒業後)責任を伴う仕事がしたい。
16#	嫌いな人、苦手な人とも、うまく付き合う努力をしている。

因子2：自己効能感の低さ	
21	コミュニケーションをとるのがどうしようもなく難しいと感じる。
17#	困ったことが起きた時、相談できる人がいる。
22	人付き合いはしんどいと感じる。
19	社交性が低く、対人関係が苦手である。
23	自分に自信が持てない。
25	自分は社会に必要とされていないのではないかと思う時がある。
14	自分は知識・技能が低いと思う。
15#	自分は人と同じくらいのことができ、社会で役に立つと思う。
25	普段一緒に遊んだり連絡する友人はあまりいない。
27	自分は基礎学力が低いと思う。
20#	自分はどこかに所属していると感じる。

因子3：将来の目標の不明確さ	
9	将来何をしたいのかよくわからない。
24	将来についての見通しがたたないと感じる。

#は逆転項目　(　)内は学生を対象とするときには呈示

べきか？」という思考から抜け出せなくなるとひきこもり・ニートのリスクが高くなる。

こうしてみると、外に飛び出し、古い価値よりもグローバルな価値に活路を見いだしたい人たちは「フリーター生活志向性」が高いと言える。しかしここで「自己効能感の低さ」が問題となってくる。日本的な関係性の圧力がしんどいということが原因であるだけならば、外の世界に飛び出してしまえばうまくいく場合もあるだろう。しかし、飛び出すためには、原動力とするべき自信が必要になる。それが失われた状態にあるならば、「別世界」に移行するもう一つの手法として「家の中に」ひきこもるという方法をとってしまうのかもしれない。

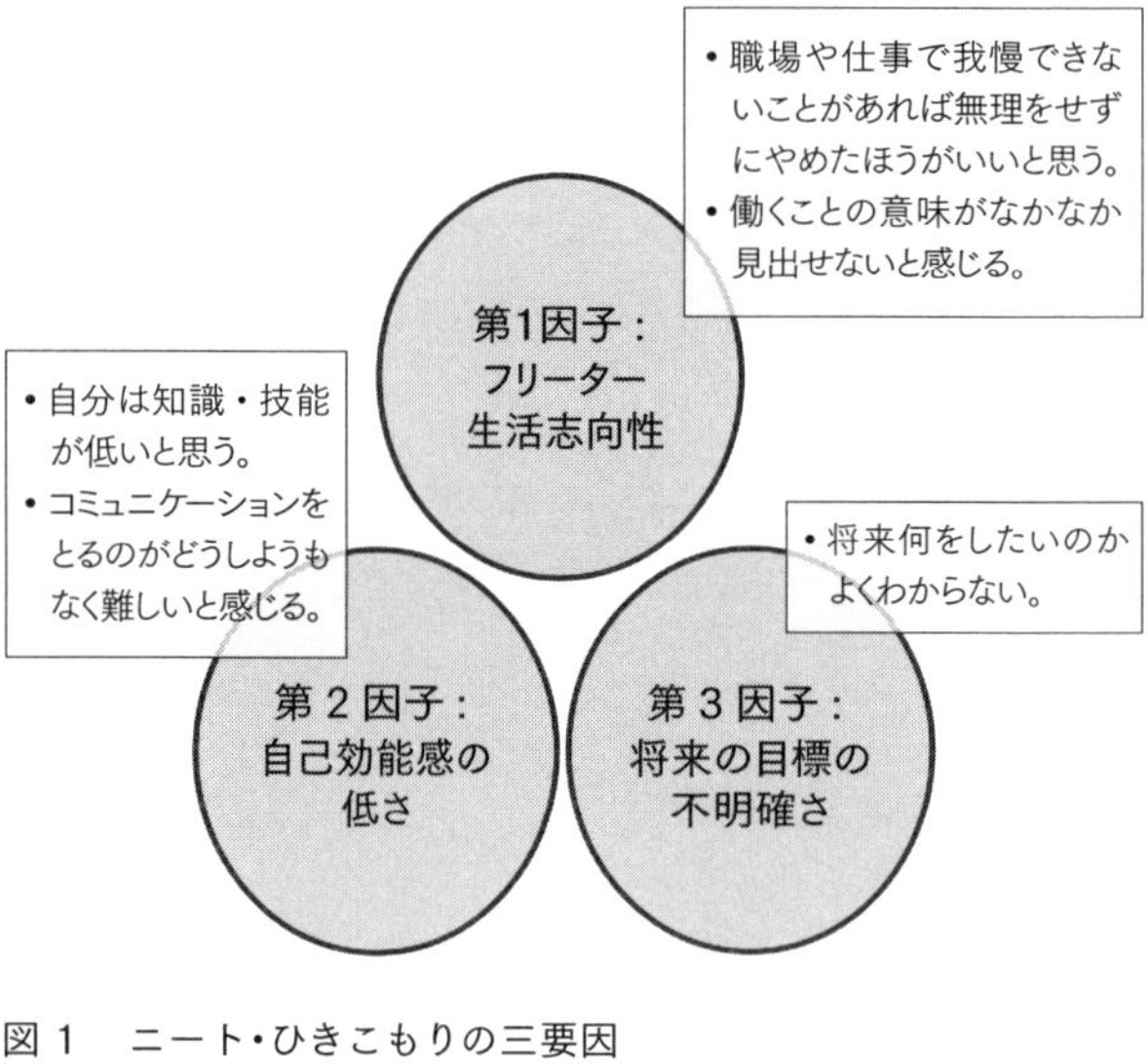
・職場や仕事で我慢できないことがあれば無理をせずにやめたほうがいいと思う。
・働くことの意味がなかなか見出せないと感じる。
第1因子：フリーター生活志向性
・自分は知識・技能が低いと思う。
・コミュニケーションをとるのがどうしようもなく難しいと感じる。
・将来何をしたいのかよくわからない。
第2因子：自己効能感の低さ
第3因子：将来の目標の不明確さ

図1　ニート・ひきこもりの三要因

3　動機づけと可塑性の問題

アメリカと異なり、日本では失敗を自分の能力や努力の欠如などの内的要因に、成功を運の良さや課題の易しさなどの外的要因に帰属するという傾向がほぼ一貫して見られる。[22] 実験場面だけではなく学業など、現実生活での課題においてもこの傾向は示されており、特に「努力」への原因帰属は日本文化の特徴として顕著に見いだすことができる。

そもそも日本では、失敗したときに「まだまだ努力が足りない」「もっと頑張らなければ」という向上心に結びつくような動機が高まることが示されている。課題を何回か行った後、最後に本人と他の参加者の成績についての偽のフィードバックを行うと、日本人は成功したという情報よりも失敗したという情報に対してより注意を向け、またそれを信頼できるものとして受け入れるという。[23] また、ハイネらによる、課題への偽の成績フィードバック（ある条件の人たちには「あなたはとても良い成績をおさめました」と伝え、また別の条件の人たちには「あなたの成績は良くありませんでした」という情報を伝える）を与えた後に、同様の課題にどのぐらい長く自発的に取り組むかを測定する研究では、日本人は失敗のフィードバックの後により長く類似課題に取り組むことがわかっている。[24] これは、失敗すると、とたんに「この課題はおかしい」もしくは「これは自分には向いていない」と考えてやる気を失ってしまうカナダ人（彼らはむしろ成功した後に、もっと長く取り組むようになった）とは逆のパターンであった。

つまり日本人の評価判断は、「まだまだ自分は〜の点で足りない、だからもっと頑張ろう」と考える方向に引っ張られている。また、努力主義は「自らは努力によって変わることができる」「努力すれば周囲も変わる」という、可塑的な人間観・人生観に支えられている。こうしたことは日本的なメンタリティーとして長く積み重ねられ、実際にそれによって各人が、もしくは日本全体が、得るところは小さくなかったはずである。

ところが、最近、我々の研究から、特にニート・ひきこもり傾向の高い人で努力主義が低くなっていることがわかってきた。[25]

研究では、大学生を対象にニート・ひきこもり傾向が高い群とそれ以外の群での動機づけについて、ハイネらと同様の方法を用いて実験を行った。まず、大学生二〇〇名以上を対象にニート・ひきこもり傾向を調べるための調査（表1のニート・ひきこもり尺度）を行った。そこから、ニート・ひきこもりになるリスクの高いグループ「高リスク群」とニート・ひきこもりになるリスクが低い、もしくは標準的な「低リスク群」の二つのグループに分け、それぞれの群の人たちを対象に実験室研究を行った。そこでは、「睡眠」「幻想」「白昼」などの語句が呈示されて、それに共通する言葉を考える（たとえばこの場合の正解は「夢」）「想像力テスト」を一〇問行ってもらう。実はこの想像力テストには二種類あり、一つは簡単で少なくとも八問ぐらいは答えが出せるもの（成功条件）、もう一つはかなり難しく、せいぜい一、二問しか答えを導き出せないようなもの（失敗条件）である。実験に参加する人はこれらのバージョンのいずれかを受けとって回答する。課題終了後、正解が渡されて自分で答え合わせを行い、さらに点数から割り出される学内でのランキング表が渡された。この成績フィードバックも操作されており、成功条件の人たちは実際に多く正解し（平均正答数は一〇問中六、七個程度）、学内ランキングもかなり上であるということが示される（七個正答があれば、上位一五パーセント以内に入っている、というようなグラフを示される）。失敗条件の人たちは難しい課題が渡されているので実際の正答数も低く（平均正答数は一〇問中一、二個程度）、学内ランキングも下から一五パーセント以内であることが見てとれるグラフが渡される。その後、別の課題の準備を実験者が行う間、部屋で一人で待っておかなければならないという状況が生じる。実験者は「時間がかかるかもしれないので、やってもやらなくてもいいのですが、もしよろしければ」といって、最初の想像力テストと類似のテスト用紙（課題2）を渡し、退室する。そして退室中の最大一五分の間、参加者がどれだけその課題2の想像力テストに長く取り組むかどうか、実験室の机の手元が映っているモニターでチェックする。これらの手続きはハイネらが二〇〇一年の研究論文で発表したもの（日本での実験は一九九九年に京都大学で行われている）とまったく同じである。

今回、ハイネらの実験から一〇年たった二〇〇九年に我々が同じ実験デザインを用いて京都大学で行った実験の結果は図2に示すとおりであった。ニート・ひきこもりになるリスクが低い「低リスク群」の学生は、ハイネの一九九九年の研究で示された日本人の学生と同様、成功のフィードバックをもらう時と比べて、失敗のフィードバックをもらった時のほうが課題2の想像力テストを継続的に行っており、動機づけが高まっていたと考えられる。つまり、相対的にニート・ひきこもりのリスクの低い日本人学生は、失敗した際に向上と改善を目指して努力しようとする動機づけをもっていると考えられる。しかし逆に「高リスク群」の学生は、失敗のフィードバックが与えられた後に課題2の想像力テストを継続する傾向は低くなっていた。

「失敗に対するチャレンジ」は、他者や集団の期待に合わせて行動することが求められるような日本社会の中で重要とされてきた。相手に合わせるためには自分自身の可塑性と適応力を信じて、改善に向けて努力する必要がある。つまり失敗したときこそが努力するべきときであり、やる気をもって物事に対処するときとなる。しかしニート・ひきこもりリスクの高い傾向にある人々は、失敗の後に努力することをやめ、あきらめてしまう。その背景には「努力しても無駄だ」というような、順応性、適応力に対する自信のなさ、可塑的な人間観・人生観の欠如が見られる。実際、「人の性質はどのぐらい変化するものだと思いますか」

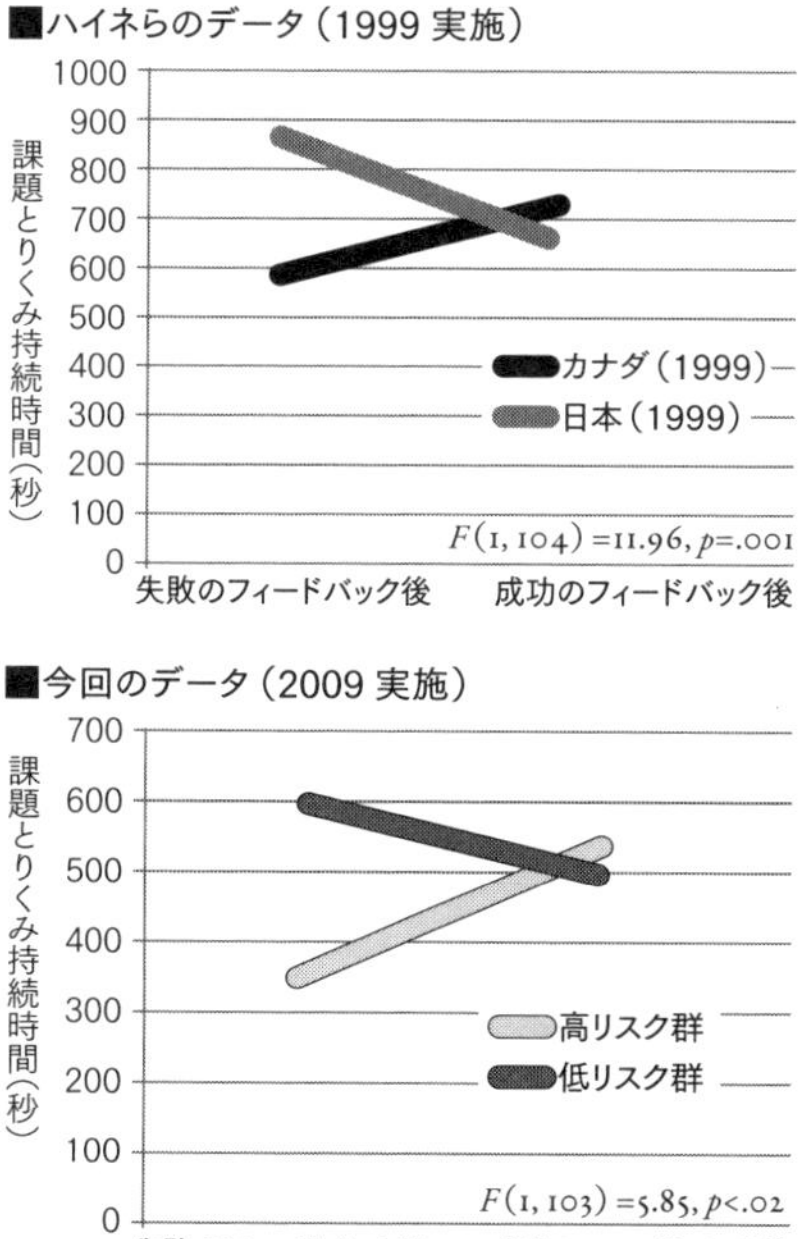

図2　成功、失敗のフィードバック後の課題へのとりくみ持続時間の比較

という質問項目への回答を高リスク群と低リスク群で比較してみると（図3）、ひきこもり高リスク群で可塑的人間観は低かった。彼らは、競争を経て努力して切磋琢磨することにより、皆がそれぞれある地点に到達できるはずであるという日本社会に横たわってきた努力主義志向を信じなくなってしまっている、もしくは自分だけはそのような可塑的能力はあり得ないと考えるようになっている。

　この「高リスク群」の傾向は、ハイネらの研究でのカナダ人の学生と同じパターンである。しかし実際、カナダ人の学生はひきこもりではない。努力志向ではなく、失敗の後にはやる気がなくなるという行動傾向だけはカナダ人の学生と日本の高リスク群の学生に共通性があっても、そのメカニズムは異なっているのだ。アメリカやカナダのいわゆるヨーロッパ系の人たちの文化においては、人の能力は生まれつきの「固定的」なもの（神から授けられた〝ＧＩＦＴ〟）であり、もちろんそれを磨くための努力は必要であるが、基本的には向いていること、向いていないことは変えられないという考え方をもっている（ドゥウェック[26]はこれを能力の固定理論と呼んでいる）。カナダやアメリカの学生たちは、先述のように常に自己評価を高く保つことに動機づけられているため、失敗した課題にはやる気を失い（そして「課題がおかしい」という外的帰属を伴うことが多い）、むしろ成功した、「自分に向いている課題」に対して、より才能を開花させるべくや

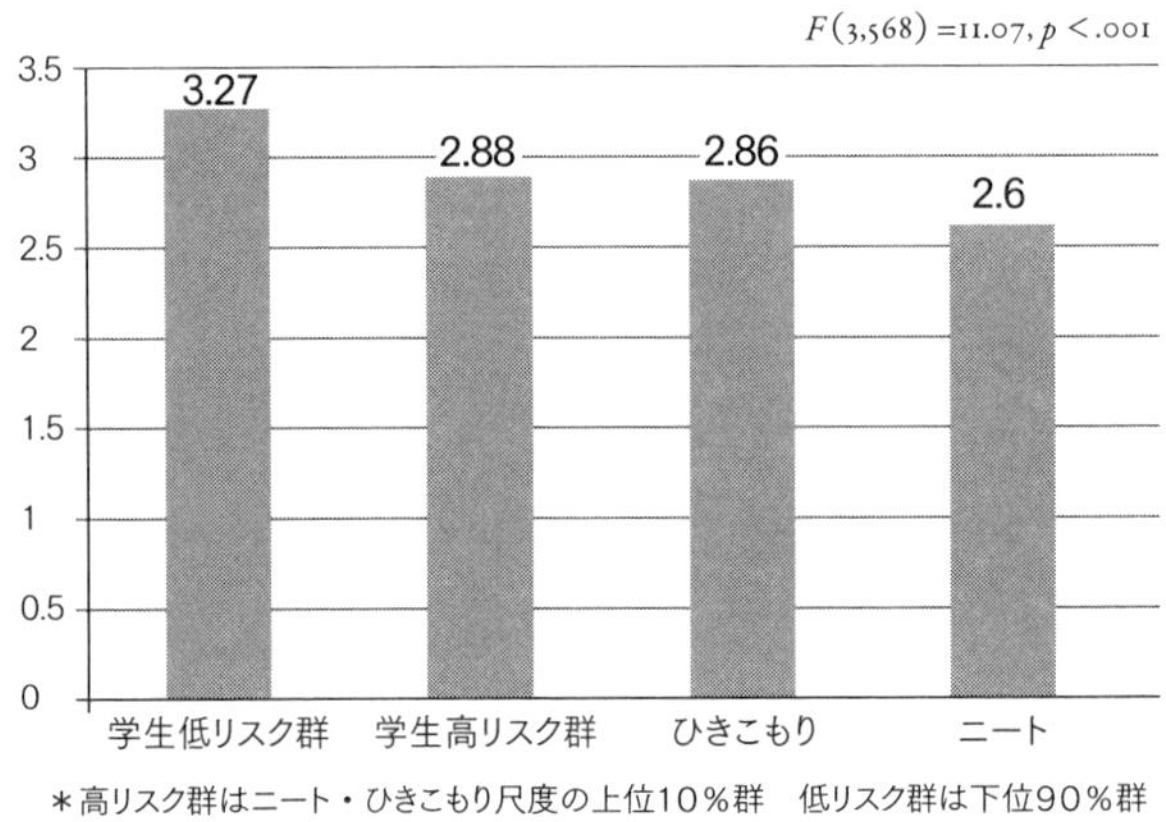

＊高リスク群はニート・ひきこもり尺度の上位10％群　低リスク群は下位90％群

図3　「人の性質の可変性」の認知

る気をもって取り組む。これに対して日本の高リスク群の学生たちは日本のスタンダードと比べても自信や効能感はかなり低い。

さらには、可塑的でない人間観によって育まれる社会的基盤が北米にはある。それは「スペシャリスト機能の重視」である。企業はまんべんなく自己能力を発揮させることよりも、一つの突出した才能を育て、それを機能させるようなシステムを構築している。「〜のエキスパート」として採用され、そのスキルを生かしてある会社を離れても「同じ業種で」あり続けるというスタイルで転職する。これに対して日本社会が重視するのは「ジェネラリスト機能」であり、組織のどの部署でもうまく働くことができるようなスキルである。そのためには苦手の克服が必要である。

このようにして人間観と社会構造の成り立ちは相互に依存しあっている。とすると、可塑的でない人間観をもち、失敗を克服する動機づけがなければ、その後日本社会の中で浮上する機会は失われるということになるだろう。

ちなみに、ニート・ひきこもりリスクと動機づけの研究では、我々が予想していなかった結果も一つ見つかった。図を見てお気づきの読者もおられるかもしれない。ハイネらが一九九九年に京都大学で行った実験の結果と今回一〇年後の二〇〇九年に集められた今回の実験結果を比較してみると、「全体的に」課題への取り組み時間が減少しているのである。この差は統計的に意味のあるもので、一〇年前の京大生と比べて現在の京大生は失敗した場合にも成功した場合にも、いずれにしても一生懸命課題に取り組むという傾向が減退しているということが見てとれる。もちろん、一〇年前と比較すると携帯電話が普及し、実験者を待っている間に課題をやって時間をつぶすぐらいなら携帯でも見よう……、という思考が働いたというように、要件が違ってきてしまっている可能性はある。しかしそれも含めて、何か一つのことに費やす時間が、京都大学の学生でさえ減じられているのである。このことは、ニート・ひきこもりが世の中全体で目立つ問題として取り上げられてきたことと無関連ではないだろう。

四　なぜひきこもりなのか

どの社会にもアウトライヤーは存在する。反社会的行動、非行に走る若者や、犯罪を犯す若者もいるだろう。アメリカでは「怒り」や「欲求不満の爆発」という「行動化」としてその不満を表現することが多いとされている。いわゆる「ひきこもり」に似た境遇 —— 友人がおらず、ある種のいじめの被害者を経験し、社会に不満をもつ若者 —— が、学校での乱射事件などを起こすこともある。また、薬物やアルコールに手を出したりということも見られる。

日本でももちろん、非行化は存在する。しかしひきこもりはどうか。彼らは自分たちの不満と怒り、不安や焦りを外的に「行動化」することよりも、自己の内部に「引き込む」ことで表現しようとしているように見える。

筆者らは「不幸せ」の意味内容について検証する研究を行ったことがある。[27] そこでは、不幸せに関する特徴、原因や結果なども含めて日米の学生に書き出してもらった。そして得られた記述をもとに類似性の分類を行い、不幸せの意味内容が日米でどのように異なっているのかを検討した。

すると、得られた記述全体の一五パーセントが、いわゆる「不幸せへの対処方策」であったが、その内容はアメリカでは「不幸せになると怒りを感じる」「攻撃的になる」など、外的に表出させることを記述していたのに対し、日本においては「自己向上のきっかけになる」「不幸せは長くは続かない」というように、自分自身や自分の見方を変える対処方法についてのものだったのである。この結果は、アメリカの文化においては自己の意志を示すことにより外的状況をコントロールして自尊心を防衛するのに対し、日本文化においては自己の思考を変化させることによって外的状態に合わせようとするこれまでの指摘とも一致する。(28)

これは、日本では不幸を自分の「中で」対処する傾向が少なからずあるということを示している。「こんなに不幸な自分を生み出した」社会や学校、親に対する恨みや不満があったとしても、変更を迫ることよりは、まず自分の中に原因を見つけて問いかけ、怒りを内包してしまうのかもしれない。

この傾向は、日本が長くもってきた「恥」の意識とも連動してひきこもり傾向に拍車をかけるようである。つまり「こんな状態にある自分」に対する恥の意識がある。また、親も同様であり、ひきこもりの子どもが家庭内にいることを恥ずかしいと感じてしまう。そのことを子どもの側も敏感に感じとっているだろう。この構造により、家庭内で子どもが親から引きこもり、さらに家族全体がコミュニティから引きこもることになる。彼らはますます怒りや苦しみを内包し、家庭という狭い領域の中でぐるぐると増大させてしまう。

五　結語に変えて――展望をどう開くか

以上見てきたとおり、ひきこもりという行動には、日本の社会的現実と、その中で人々が感じる動機づけや自己・対人関係に対する認知などが関わり合って生じて来ているのではないかと考えられる。このことを踏まえたうえで、ひきこもりについてはどのように考え、どのように対処していくのがいいのであろうか。

これまで見てきた中で浮かび上がってくるのは、個人内の心理プロセス（動機づけ、可塑性の問題）、家族内のプロセス（親子の関係性）、社会的プロセス（サポートを受ける「場」への復帰可能性）の三つの軸のそれぞれにおける働きかけが必須なのではないかということである。

まず、心理プロセスの点でいえば、失敗の後に動機づけが低下してしまうことがニート・ひきこもり傾向の一つの現象として示唆されたが、これは幼い頃からなるべく失敗したり傷ついたりしないように大人が予防線を張ることによって、失敗への抵抗力が弱まってしまっている可能性はないだろうか。社会の中では当然失敗もあるし、傷つくこともある。失敗を向上のきっかけと考えることのできるような認知や感情を育てる必要があるだろう。つまり、失敗に脆弱ではない心のトレーニングの仕方である。失敗後に改善や向上に向けてのヒントを与え、もしかしたら自分は変われるかもしれない、という可塑性ある自己像をもつきっかけを与えることが大切であろう。

また、特にひきこもり傾向の高い人たちへの支援という意味では、成功経験をどのように体験してもらうか、これも一つの鍵になるはずである。我々の研究で示されたとおり、ひきこもりになっている人たちやそのリスクが高い人たちは、失敗経験に弱く、そこで粘り強く取り組むことをやめてしまう傾向がある。叱咤し、失敗から学ばせようという従来通りのやり方でこういった人たちの「やる気」を高めようとするのは逆効果になってしまうとも言える。むしろどんな小さなことであっても他者に感謝され、受け入れてもらったと感じる経験が必要であろう。

次に家族内のプロセスについていえば、ひきこもりの若者は親から丸ごと受容してもらったという感覚に乏しい。そうした中で自意識はふくれあがり、ネガティブで肥大化した自己愛の殻に閉じこもってしまう。そうすると他者に対する愛他的な気持ちをもって人と関わっていくことが難しく、実際に拒絶され、コミュニケーションに対する自信がますます低下してしまう。こうした場合、ひきこもりの当事者だけではなく、家族全体で変わっていく努力をする必要がある。調査からわかってきたことは、ひきこもりを抱える家族では父性の存在感が非常に乏しいということである。ひきこもりの本人と父親との意識のギャップがかなり大きく、本人が不満・不幸せを抱えていても、父親は人生に満足していたり、親子関係もうまくいっていると答えていた。つまりお互いに相手の有り様が互いの心の中に映し出されてもいなければ、内包されてもいない。そして解離的な父親に不満をもつ母親が、必死になってますます子どもを抱え込んでいく。こうして父性が欠落する中で、母性的な殻の中に閉じこもるあり方としてひきこもりが生じているのかもしれない。こうした家族のダイナミクスそのものへの支援は重要であろう。ひきこもり支援は「親の会」などが多く見られるように、個人ではなく家族へのアプローチが多く存在する。自助的情報交換という枠組みを超えて、家族を見つめ直すきっかけとしていくことが必要ではないだろうか。

最後に、社会システムとしてはどのような対応を行うべきか。文化的に構築されたシステムや心理的要素を早急に変化させるのは難しい。しかし価値の多様性と時代の変化による人のこころの変化を認めるようなシステムの形成は可能ではないだろうか。その一つは、「復帰困難社会」のところでも述べたように、短期的ひきこもり状態を認め、復帰を支援することで、長期化を防ぐ仕組みづくりである。これをすべて認めないとすれば、ひきこもりは長期化し、社会全体にとってマイナスとなる一方である。グローバリゼーションの影響で文化が変化したならば、それに対応して企業や学校の仕組みや暗黙の価値観を変えていく必要もある。日本の中に根付いている「関係志向性」は必ずしも無駄にならないはずである。

また、場つなぎ支援はやはり重要である。現在は政府や各市町村での公共サービスならびにＮＰＯなどによるひきこもり支援など、さまざまなバックアップ体制が構築されてきている。支援や訓練の終了後にどう生きるのか、この「場つなぎ」がシステマティックに機能するような仕組みが必要ではなかろうか。そのためには企業や地域の努力の促進が欠かせない。ひきこもりは特別な人に特別な形で起こるのではなく、現代社会の中のありふれた状況で起こっているという認識のもとに、受容と支援への耐性が必要である。

我々研究者にできることは、実際の心の働き、行動原理について少しでも解明するような傍証を築くことである。たとえば「場の喪失」や「相互協調性の否定」が日本のグローバル化と関連するとすれば、今後の社会変化によってさらにひきこもりが増加するのか、それともまったく別の行動があらわれてくるのか、それぞれについて何か予防的アプローチは可能なのか、といったことも考えていくことができるだろう。そのためにも、学問領域を超えて、また、現場で実際にひきこもりの問題に対峙している人たちと共同して議論を深めて、支援システムを構築していくことが不可欠ではなかろうか。

コラム

「ニート・ひきこもり」についての社会心理学的考察——原因と対処方略について

ビナイ・ノラサクンキット
翻訳　内田由紀子

フリーター、ニート・ひきこもりと呼ばれている人を含め、日本の若者は約五〇〇万人いると言われている[1]。

現在の一五歳から三四歳の若い集団は「失われた世代」と一部の専門家から呼ばれている。もし本当にこれらの若い人々が「失われた世代」を象徴しているとするならば、彼らの自己概念とそれまでの経験とは一体どのようなものなのか。そしてそれは社会にうまく適応し、機能している人々のそれとは違うのだろうか。日本の社会においてうまく機能できないと思われる状態の基本となっている心理的帰結とは何なのか。ニートもしくはひきこもりになることに関係する要因とは何か。ニート・ひきこもりの区分は本当に一つなのか、もしくはニート・ひきこもりには異なる種類があるのか。

これらの疑問は、今までの調査や実験的なアプローチからは明らかにされていない。そこで私はこころの未来研究センターのプロジェクトにおいて、内田由紀子准教授と共同して、心理学的な比較調査や実験の手法を用いてこの問題を幅広く理解し、日本の若者を効果的に社会へ参加させるようにするための介入方法や政策のあり方を検討した。

まず着手した調査からは、三つのリスク要因が浮かび上がってきた。一つ目は機会や仕事のポジションにかかわらず、意識的に働かないことを選択しフリーターになる傾向を示す「フリーター生活志向性」。二つ目のリスク要因は、「自己効能感の低さ」（例：タスクを完成させる能力がないと感じる、他人と関わらない）。そして三つめの要因は「将来の目標の不明確さ」（例：将来何をしたいかについての不明瞭または非現実的な目標）であった。これらの三つのリスク要因は少なくとも三つの異なる種類のニート・ひきこもりを表している。

私たちが行った実験では、ある難しい課題において成功（ポジティブ）と失敗（ネガティブ）のフィードバックを与えたのちに、どれぐらい継続して同じ課題を行う動機づけが高まるかを検討した。すると、ニート・ひきこもりになるリスクが高い学生は失敗のフィードバックを与えると課題を継続する動機づけは低くなり、逆に成功のフィードバックを与えると、動機づけが強くなる特徴をもっていることが示された。対照的に、ニート・ひきこもりになるリスクが標準的もしくは低い学生についてはまったく逆の結果が見られた。つまり、ニート・ひきこもりになるリスクが標準的もしくは低い学生は、成功のフィードバックをもらう時と比べて、失敗のフィードバックをもらった時のほうが難しい課題を継続的に行う動機づけが高くなっていた。

この傾向から、社会に適応している日本人は、特に失敗に遭遇した際に、自己の改善を目指して努力しようとする動機づけをもっていると考えられる。マーカスと北山の理論(2)によれば、北米など、個人的目標を優先する社会は、自己が相対的に他者や環境から区別される「相互独立的自己観」を発展させる傾向があり、東アジアなどグループ志向の目標を発展させる社会は、他者や状況に依存した「相互協調的自己観」を発展させる傾向があるという。相互独立的自己観では、自己を他人と区別し、自己のポジティブな側面を強調する傾向（自己高揚動機）が顕著であるのに対し、相互協調的自己観では、人々は社会的調和を維持しようとし、自己を状況や基準そして関係に合わせようと努める。したがって、個人的行動と社会的に期待される行動の間のギャップを埋めるために、自分自身の欠点に注意を払い、その欠点を努力によって直そうとする。これは自己向上動機と呼ばれるものである。

相互協調的自己観において焦点が当てられている自己向上動機では、自己にかなりの可塑性があることが想定されている。なぜなら自己は社会的状況に調和するために柔軟でなければならないからである。これに対して相互独立的自己観において優勢な自己高揚動機では、個性的でポジティブ、他の人々とは違う自己の不変の性質に焦点が当てられる。

人々が成功と失敗のフィードバックにどのように対応するかについて、このモデルを適用して考えてみると、平均的日本人はより相互協調的な自己観をもっているため、自己は可塑性が高いと想定され、失敗した後にいっそう努力したと考えられる。なぜなら、他者に合わせて社会的調和を保てるように努力し、自己を向上させることに力を入れるからである。また、このパターンは相互独立的自己観においては逆になると想定される。先行研究において、ハイネらのグループは予測どおり、北米人は成功のフィードバックを受けとると、失敗のフィードバックを受けとったときよりもその課題を長い時間継続して行うこと（そして日本人はこれとは逆のパターンであること）を示している。

心理傾向における文化差を示すこのような調査は文化心理学研究では一般的なものである。しかし、文化心理学と社会心理学における制限の一つは、我々は常に社会の中心、すなわちその社会で適応的であり、それゆえ社会の中心的な心理的傾向を内在化している人からサンプリングする傾向があるということである。そのようにすると、文化の動的側面を理解することは困難になる。文化が変化していると想定すれば、社会環境の変化により、ますます多数の人が社会の中心から社会の周辺に移動していると考えられる。我々は、ニートやひきこもりは「文化の周辺」を表しており、文化的変化や心理的傾向へのグローバル化の影響をとらえるには、彼らについて検討する必要があると考えている。

ニートやひきこもりは社会に完全には参加しておらず、それゆえ日本社会の文化的習慣や日常に適合できていない。言いかえれば、彼らは日本における中心的な心理的傾向からより逸脱している可能性がある。したがって、彼らは相互協調的自己観も低いと予想される。相互協調性が低い結果、彼らは自己の可塑性も低いと思われる。すなわち、彼らの動機づけのパターンは、一般的な日本人のものよりも北米人のものに似ているのかもしれない。

そして予想通り、ニート・ひきこもりになるリスクの高い傾向にある日本人は、失敗の後にあきらめる傾向があったのである。おそらく彼らは、努力によって自己を高めることができるという感覚（適応力や順応性）や、可塑性のある自己概念をもっていないと考えられる。さらに、協調性に対する態度を測ってみると、予想通りにリスクの高い学生は、リスクの低い学生と比べて、協調性志向が低いことがわかった。

リスクの高い傾向をもつ人の動機づけは、同じように失敗よりも成功のフィードバックにより良い反応を示す北米人の傾向に似ていることがわかった。しかし彼らは一方で、北米人のように自己の良い部分に着目することなく、他人との協調性が低く、肯定的な自己概念をもつことができない状態にある。

こうした結果は、高リスク群の学生は典型的な日本人のパターンとは対照的に、マイナスのフィードバックよりもプラスのフィードバックによって動機づけられ、より可塑性が低い自己観をもっているという我々の仮説を裏付けている。これは高リスク群は低リスク群よりも相互協調性が低いためであり、必ずしも彼らが北米人のように相互独立性が高いということを意味してはいない。

もう一つの調査において、ニート・ひきこもり尺度を使った質問紙調査の段階で、我々は関西地区にある若者支援センターからニート・ひきこもり状態にある（もしくはあった）人々の参加を募った。比較群として、京都大学の学生にも回答してもらった。その質問紙にはニート・ひきこもり尺度、相互独立性と相互協調性に対する順応尺度、どれだけ変化に対する適応能力があるかの認識を測る尺度、親がどれだけ子どもを受け入れているかに関連する尺度、相互独立、相互協調に対しての潜在的な態度を測る尺度が含まれていた。予想通り、ニート・ひきこもりの人々は大学生に比べて、より適応能力が低いという自己認識をもっており、さらには自分の性格は変わりにくいという視点をもっていた。

これは上で説明した研究の結果と同様に、ニート・ひきこもりの人々は一度失敗を経験すると、課題の継続を放棄したくなるという感覚があることを示唆している。言いかえると、失敗の経験は平均的な日本人の自己概念においては動機づけの要因となる傾向がある一方で、ニート・ひきこもりの人々においては動機づけを低下させてしまう要因となっていると言える。実際、学校や職場での失敗の経験がニート・ひきこもり行動の大きなきっかけとなっていると考えられる。

こうした測定から得られたデータを統計的に解析し、リスクの因果関係を調べてみると、ひきこもりタイプのニートとフリータータイプのニートには相違があることが示唆された。主にＮＰＯで支援を受けているのはひきこもりタイプであり、低い自己効能感がリスクの強い因子となっていた。

フリーター生活志向性というリスク要因１をもつ人々は他の二つのリスク要因をもつ人々よりも心理的なストレスは少なく社会的な機能も高いが、一方で彼ら自身の中に矛盾を抱えているようで、質問紙上での自分の態度についての回答と、潜在的態度を測る尺度での回答の間にギャップをもつことが示された。特に、フリータータイプのニート・ひきこもりは、自分は相互独立的な志向をもっていると回答する傾向があるが、潜在的なレベルでは彼らは比較的相互協調的な志向をもっていた。したがって、彼らの中に存在する「外的な相互独立（自分は独立しているべきだ）」と「内的な相互協調（本当は人とつながっていたい）」のギャップがフリータータイプのニート・ひきこもりになるリスクの要因と関係があると考えられる。要因2（自己効能感の低さ）と要因3（将来の目標の不明確さ）をもつニート・ひきこもりは若者支援センターで集められた元ひきこもり、もしくは今にもひきこもりになりそうな若者が多かったことから、おそらく機能面においてなんらかの問題を抱えているタイプと言える。一度失敗した課題の継続に対する動機づけが低いという感覚を頑なにもっていることに加えて、彼らの自尊心は低かった。分析からは、このような自尊心の低下は両親から認められていないという感覚、そして学校で良い成績をとるという両親の目標を満足させられていないという感覚とつながっていた。そして驚くべきことに、仲間からの受け入れの程度は、リスク因子としては現れてこなかった。

今回の調査から、(1)ニート・ひきこもりは一つのカテゴリーではなく、ニート・ひきこもりの中にも少なくとも三つのタイプがあるということ、(2)ニート・ひきこもり、またはそのリスクのある人々は一度失敗を経験すると、課題の継続が困難になるという自己感覚をもっているということ、(3)両親に認められているという感覚と両親の期待に応えているという感覚が低いことが自己効力感と自尊心の低下をもたらしており、また、将来の目標に対する非現実的な期待と動機づけの低さがニート・ひきこもりを生み出すリスクの要因として重要なポイントとなっていることが明らかにされたと言えよう。

高リスク群の学生と実際のニート・ひきこもりの間での動機づけのパターンは、日本の若者が自分を定義する上での文化的変化を表しているのではないだろうか。ひきこもり・ニートのリスクが高い人たち、または実際にそのような状態にある人たちは、相互協調的自己観や、懸命に働こうという動機に影響する要因（この場合は自己の可塑性に対する信念）を拒否している。ニートやひきこもりの動機づけパターンや態度は、現在日本人の間に広まっている傾向の極端な例を表しているのかもしれない。家族の要因は、ひきこもりは家族がうまく立ちゆかなくなることから生まれたことを示唆し、これがフリータータイプのニートと区別される要因でもある。こうしたリスクをもつ家族が増えつつあるという事実は、おそらく社会や文化レベルでの構造的な変化と関係があるのではなかろうか。

第四章　「ひきこもり」と学習

境　泉洋

一　はじめに

ひきこもり状態に関するこれまでの疫学調査によると、本邦においてひきこもり状態にある人がいる世帯は約二六万世帯（全世帯の〇・五六パーセント）であるとされている。(1)ひきこもり問題は、この一〇数年の間に急速に議論が活発化し、昨今では本邦の精神保健福祉における主要なテーマとなっている。

本稿においては、こうしたひきこもりの心理的メカニズムについて、オペラント条件付けの観点から説明を加えたうえで、メカニズムに基づいた支援方法について論じていきたい。本稿においてオペラント条件付けの観点から、ひきこもりの心理的メカニズムを検討することで、当事者と家族の双方において同様のオペラント条件付けが作用していることを示したい。

本稿においては、ひきこもりを「様々な要因の結果として社会的参加（義務教育を含む就学、非常勤職を含む就労、家庭外での交遊など）を回避し、原則的には六ヵ月以上にわたって概ね家庭にとどまり続けている状態（他者と交わらない形での外出をしていてもよい）(2)」と定義する。なお、本稿では精神疾患の症状としてのひきこもりと精神疾患が何ら認められないひきこもりを区別する場合、精神疾患の症状が何ら認められないひきこもりを「一次性ひきこもり」(3)、精神疾患の症状としてのひきこもりを「二次性ひきこもり」と表記する。さらに、ひきこもりが遷延化する中で精神疾患の症状が認められるようになる場合もあるが、このような精神疾患の原因になると考えられるひきこもりを「零次性ひきこもり」(4)と表記する。

二　ひきこもりの現状

今日議論されているひきこもりの概念は、二〇〇〇年頃に起こった三つの事件(5)をきっかけに社会問題として注目されるようになった。それ以前から、ひきこもりは精神疾患の症状として位置づけられていた概念であり、治療はその背景にある精神疾患に応じて行われていた。しかし、社会問題として注目されることで、「ひきこもり」という均質な一群があるかのような誤解が生じた。特に大きな誤解は、「ひきこもり」の概念には、零次性ひきこもり、一次性ひきこもり、二次性ひきこもりが含まれるにもかかわらず、そのほとんどが一次性ひきこもりとみなされたことである。

その後、厚生労働省が中心となり、ひきこもりの実態解明と支援の指針作成に取り組んできた。こうした一連の変遷は、一次性ひきこもりと二次性ひきこもりの明確化の過程であったと言える。これまでの研究から、ひきこもりの精神医学的背景が示され(6)、こうした知見が二〇一〇年に公刊された「ひきこもりの評価・支援に関するガイドライン」(7)においても活用されている。同ガイドラインにおいては、ひきこもり状態にある人の背景に応じて、医療、福祉、心理のそれぞれを組み合わせた治療を行う必要性が示されている。そして近年、遷延化することによって治療が困難となったケースへの福祉的支援の必要性が指摘されるようにな

っている。(8)

三　ひきこもりの特徴

ひきこもりを理解するうえで踏まえておくべき特徴がある。まずは、そうしたひきこもりの特徴についてデータを踏まえて解説したい。

1　男性に多い

ひきこもり状態は男性に多い。表1にこれまでに実施された実態調査の結果を示す。表1から明らかなように、ひきこもり状態にある人は、圧倒的に男性が多い。ひきこもりの近似概念である不登校の男女比はほぼ均等である。(9)このことからも、ひきこもり状態が男性に偏出する問題であることがわかる。

ひきこもりが男性に多い理由として、男性がひきこもることがより深刻な問題として受けとられやすいという点が挙げられる。境ら(10)は、ひきこもりに対する家族の否定的評価の強さを検証したところ、子どもが男性の場合に否定的評価がより強くなることを明らかにしている。また、父親は母親よりも子どものひきこもりを否定的に評価している。つまり、父親が息子のひきこもりに対して抱く否定的評価が最も強くなる。

男性のひきこもりがより否定的に評価される背景には、男性に対する就労の期待があると考えられる。男性の場合、家計の主たる収入者としての就労が求められる。男性は、いわゆる「家族を養う働き方」が求められるのである。男性への就労への期待の強さが、男性のひきこもりに対する否定的評価を強め、男性のひきこもりが顕在化しやすくなっているものと考えられる。

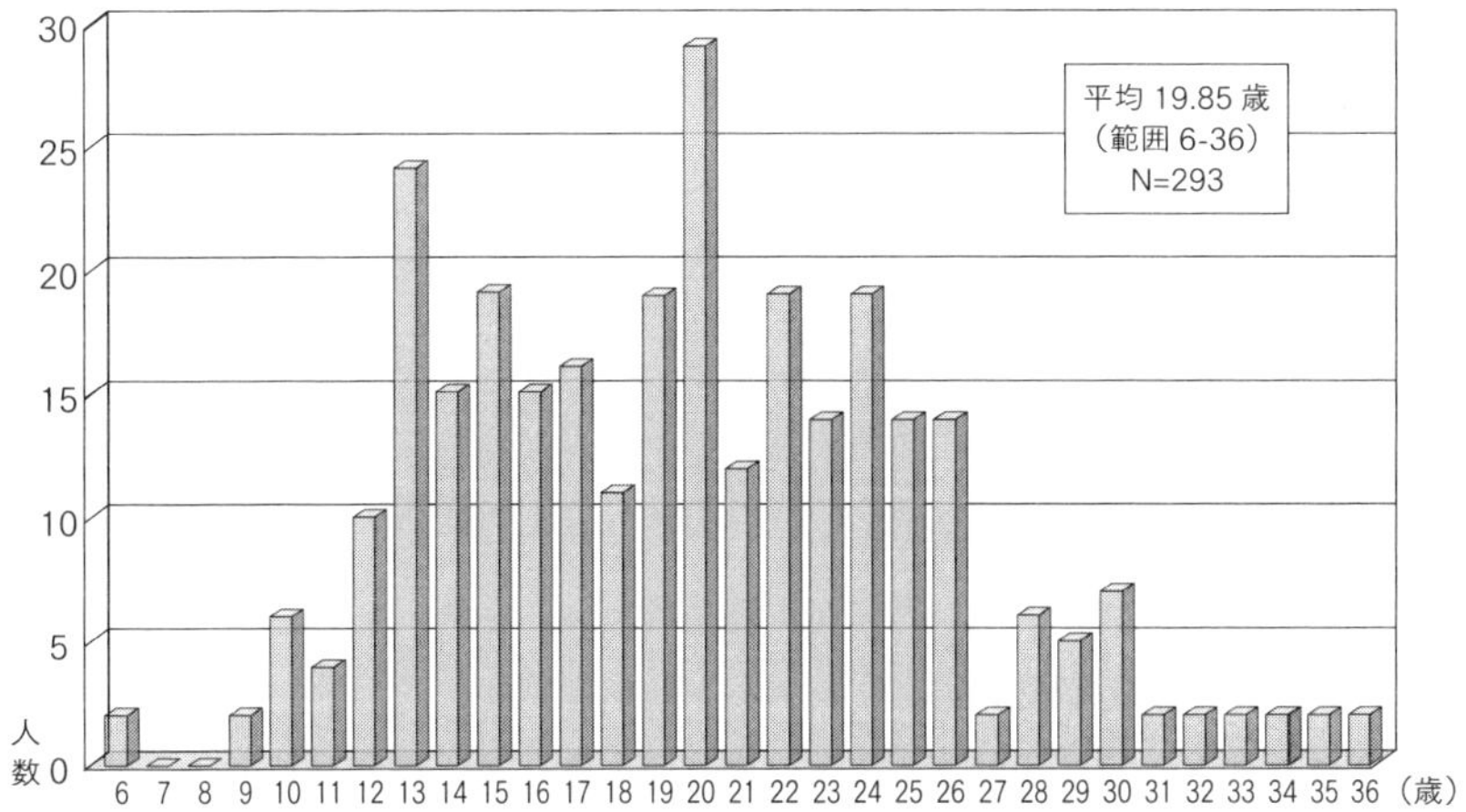

図1　ひきこもりの初発年齢[24]

2　思春期から就労安定期に至るまでに生じる

ひきこもりの初発年齢に関しては、中学校以降から二〇代までに集中している。表1に示すように、ひきこもりの初発年齢は平均すると二〇歳頃であるが、その分布は図1のように中学校入学時から二〇代に集中している。

表1　ひきこもり本人に関する実態調査

著者	性別(男:女)	開始年齢	年齢	経過期間(年)
斎藤ら[11]	82.5:17.5	15.5	21.8	4.1
高畑[12]	79.5:20.5	17.1	22	4.81
小林ら[13]	76.0:24.0	18.6	22.3	3.4
尾木[14]	80.0:19.8	-	26.6	-
伊藤[15]	76.4:22.9	20.4	26.7	4.3
中垣内[16]	7:3	20	26	6
境ら[17]	84.5:13.2	21	26.6	5.6
境ら[18]	83.7:14.6	21	28.1	7.5
境・中村[19]	77.3:12.6	20.9	29.5	8.6
境ら[20]	81.3:17.0	21.1	29.6	8.5
境ら[21]	82.1:16.1	21.2	30.1	9
境ら[22]	80.0:16.2	21.2	30.16	8.8
境ら[23]	76.0:19.8	19.6	30.3	9.6
境ら[24]	75.6:19.0	19.9	31.61	10.2

「-」は、調査内容に含まれていないことを意味する。
注：表中の数値は引用もととなった文献に表記されているものをそのまま記載している。

中学校から始まるひきこもりは、中学校から急増する不登校と関連が強いと考えられる。不登校の生起率は、小学校が〇・三パーセントであり、中学校では二・七パーセントである。(25) また、表2に示すように、ひきこもり状態にある人のうち、不登校を経験したことのある人は概ね半数を超えている。

一方で、二〇代後半から始まるひきこもりは、就労への不適応と関連が強いと考えられる。ひきこもりが注目され始めた二〇〇〇年頃は、一九九〇年代のバブル崩壊から始まった雇用情勢の悪化によって有効求人倍率が最も低くなった時期と重なっている。ひきこもりが顕在化してきた時代背景からも、ひきこもりと就労への適応は密接な関係にあると言える。

表2　不登校経験率

著者	不登校経験
斎藤ら(11)	68.8%
高畑(12)	64.6%
伊藤(15)	61.4%
境ら(24)	40.1%

3　高年齢化が進んでいる

ひきこもり状態にある人の年齢に関しては、調査場所や調査時期によって異なる結果が示されている。年齢についての調査結果を表1に示す。ひきこもり本人の高年齢化は、二〇〇二年から二〇一〇年にかけて同一の親の会で継続的に行っている調査において示されている。(26) しかし、その他の調査では平均年齢は概ね二〇代後半である。これらのことから、ひきこもり状態にある人全体の平均年齢が上がっているとまでは言えないが、三〇歳を超えてもひきこもり続ける人が存在すると言える。

ひきこもり状態にある人の高年齢化は、それを支える親の高齢化と直結している。現状でも、境ら(27)が対象としたひきこもり状態にある人の親は、年齢が六〇歳を超え、その多くが年金で生活するなかで、ひきこもり状態にある子どもを養っている状況にあると推測される。年齢の上昇は、親亡き後の生活保障についての議論につながっている。[28]

4　遷延化しやすい

ひきこもり状態は遷延化しやすい。表1にこれまでの調査における、ひきこもり状態の期間について示す。概ね四年から五年が平均的なひきこもり期間であるが、境ら[29]の調査では、ひきこもり期間の平均が一〇年を超えている。いずれにしても、ひきこもりは数年間にわたり遷延化しているという現状がある。

こうしたひきこもりの遷延化がもたらす影響について、齊藤[30]は次のように述べている。

　ひきこもりの長期化は当事者の身体的ならびに心理・社会的な「健康」に深刻な影響を与えます。生物的・身体的には、衛生面、栄養面での問題や、身体疾患、あるいは使用しないことによる身体的機能の低下などが懸念されます。心理・社会的には、年齢相応の学習や社会的体験の機会を逃すだけでなく、学校や社会の通常の活動に再び参加するチャレンジの場を提供される機会が徐々に減っていき、さらにはひきこもっていた時期が就労での障害となりやすいことなどもあり、長期化はひきこもり状態から社会参加への展開を妨げる高い壁を形成する可能性があります。

齊藤[31]の指摘は、零次性ひきこもりの存在を指摘するものであるが、その存在を支持する研究も報告されている。中垣内ら[32]は、ひきこもりが一五年以上遷延化した事例において、身体障害（栄養障害、発声障害、骨折）が認められることを報告しており、ひきこもり状態の遷延化が心身へ与える影響の大きさを示している。

5　人に関わらない程度の外出はできる

ひきこもり状態にある人のほとんどは、人と関わらない程度の外出はしており、家庭内でのコミュニケーションが保たれている。埼玉県健康福祉部[33]によると、五七・五パーセントが特定の人とコミュニケーションがあり、「家族と一緒なら外出する」三〇・七パーセント、「何らかの手段により外出が可能」七九・一パーセント、「全く外出しない」一八・一パーセントであった。また、大分県精神保健福祉センター[34]によると、「外に出ることがある」四五・〇パーセント、「外に出られないが家庭では普通である」一二・八パーセント、「部屋にこもりきりで様子が分からない」七・一パーセントであった。こうした傾向は他の調査でも同様であり、まったく外出せずに、家族とのコミュニケーションが断たれているケースは重篤なひきこもりであると言える。

ひきこもり状態にある人の外出行動について実証的な研究も行われている。境ら[35]は、ひきこもり状態にある人の外出範囲を対応分析によって検討した結果、ひきこもり状態にある人の外出範囲は、「対人交流のある場所」と「利用自由な場所」に分けられることを示している（図2）。そして、ひきこ

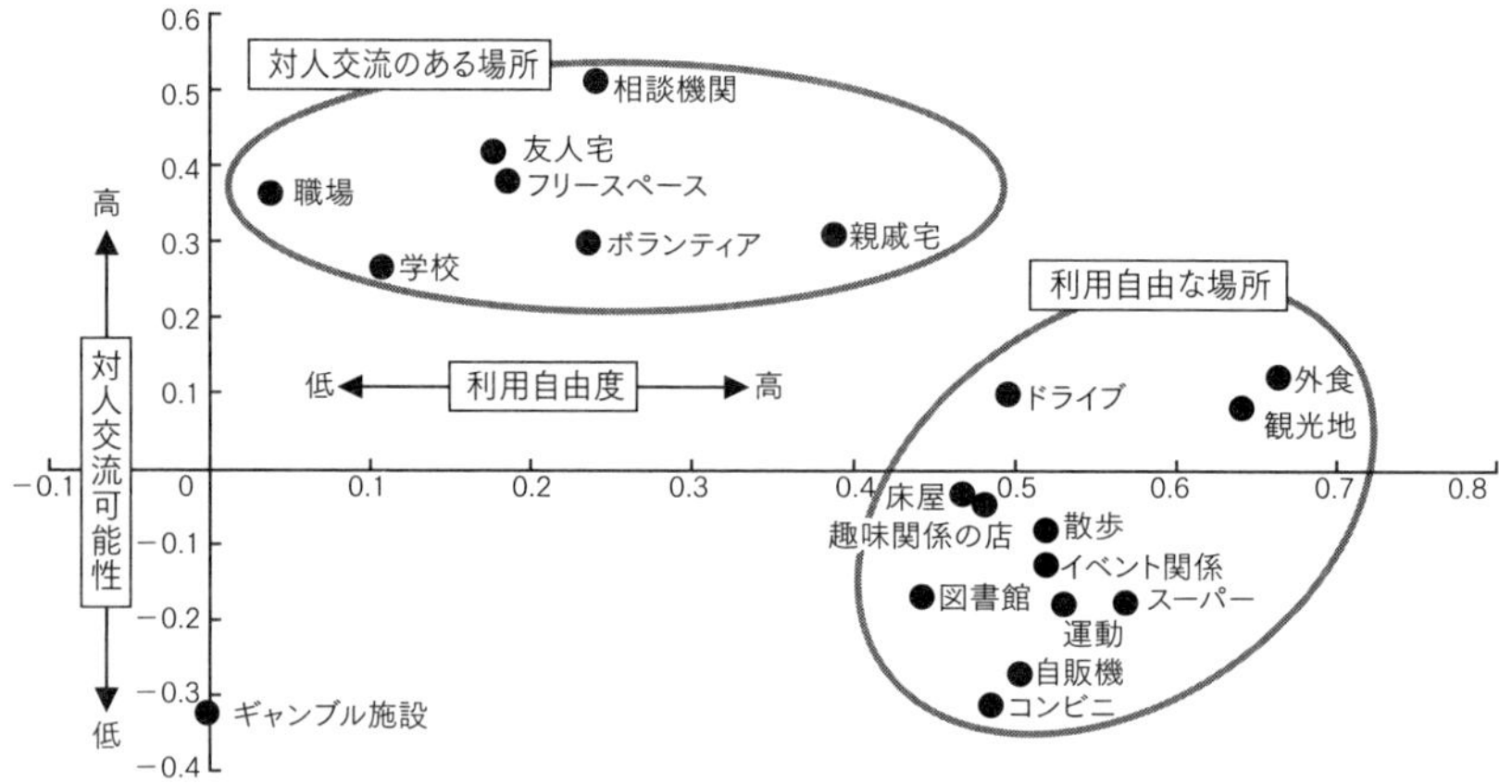

図２　ひきこもり状態にある人の活動範囲の構造[35]

も り 状態にある人が避けているのは、対人交流のある場所であり、利用自由な場所への外出が可能な人は多いとされている。このことから、ひきこもり状態にある人が避けているのは、人ではなく人との交流であると言える。

6　自ら支援を求めることが少ない

ひきこもり状態と精神疾患の関連などを考慮すると、専門的支援が必要と考えられるが、ひきこもり状態にある人が自ら支援を求めることは少ない。伊藤[36]によると、本人からのひきこもりの相談は六・六パーセントと少なく、七二・二パーセントが家族からの相談であることが示されている。境ら[37]はひきこもり状態にある人が相談機関に抱く抵抗感として「相談機関の見知らぬグループに入りにくい」「周りの人にひきこもっていることを知られたくない」といった理由が多いことを示している。また、境ら[38]は、ひきこもり状態にある人の相談機関利用の妨害要因として「どのような相談機関が利用できるのか分からない」「相談機関を利用するために金銭的コストがかかる」といった要因が大きいことを示している。これらのことから、ひきこもり状態にある人の相談機関の利用を促進するには、相談機関の利用という新奇場面への抵抗感を緩和すること、相談機関に関する情報提供、相談機関の利用における経済的補助といった支援が必要であると考えられる。

7　家族関係の悪化

ひきこもり状態が遷延化する中で家族関係が悪化することが多い。小林ら[39]は、家族の認知する家族機能の健康度が低く、本人が家族に対して支配的であったり、拒否的であったりすると家族機能が低下し、家族の精神的健康度が低くなるとしている。ただし、埼玉県健康福祉部の報告書[40]で示されているように、「短い話はする」五四・三パーセント、「同じ場所にいられる」三七・〇パーセントとある程度の関係を保てていることから、慢性的に危機的状況にある事例は少なく、小康状態のまま遷延化している事例が多いと考えられる。

ひきこもり状態と家族関係についての実証的研究はきわめて少ない。野中らは[41]、ひきこもりの家族は他の一般的な家族と比較して、コミュニケーションを通じて子どもの望ましい行動を増やす力は同程度に有しているが、望ましくない行動を減らす力が弱くなっていることを示している。たとえば、親が子どもの望ましくない行動を叱っても、その行動が減るという結果につながらないのである。このことは、ひきこもり状態においては家族間でかわされるコミュニケーションが正常に機能しなくなっていることを示唆するものと考えられる。

四　ひきこもりと学習

ここでは、ひきこもり状態の生起・維持のメカニズムをオペラント条件付けの観点から説明を加える。筆者が用いているオペラント条件付けの枠組みは図3に示すとおり、先行条件、オペラント行動、短期的結果、長期的結果というものである。オペラント条件付けにおいて結果事象を短期的結果と長期的結果に分けることは、スミスとメイヤーズ[42]が開発したコミュニティ強化と家族訓練（Community Reinforcement and Family Training）という家族支援プログラムを参考にしたものである。

オペラント条件付けの基本的な考え方は、先行条件において行動が生起する確率が結

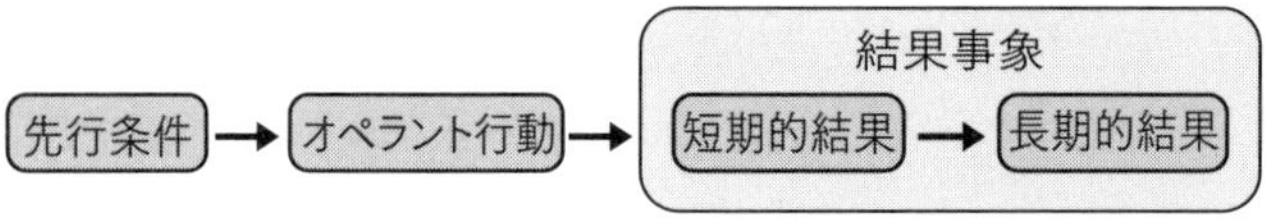

図３　オペラント条件付け

果事象に依存しているというものである。オペラント行動とは、自発的行動を意味しており、オペラント条件付けでは人が行う自発的行動の生起メカニズムを説明することができる。また、結果事象には、オペラント行動を増加させる「強化」と減少させる「罰」がある。「強化」によってオペラント行動の生起確率は増加し、「罰」によってその生起確率は減少するのである。

たとえば、人が困っている状況で、その人を助けるとまわりから褒められる経験をすることで、人が困っている時に人を助ける行動が増加する。これは、人が困っているという先行条件において、人を助けるというオペラント行動をしたときに、まわりから褒められるという強化が生じていることになる。逆に、助けた人から迷惑そうな顔をされたら、同じ状況で人助けをする行動は減少する。これは、迷惑そうな顔をされるという罰が生じていることになる。

1　ひきこもりの初期

図4に示したように、ひきこもり状態の始まりは不快状況を回避することであると考えられる。不快状況を回避することは、短期的には不快感を減少させる行動として強化される。しかし、回避は長期的結果として不快状況を克服できないという否定的な結果をもたらすことになる。つまり、回避行動は短期的には強化され、長期的には不快状況を持続させるという罰を生じさせるが、短期的観点から行動を選択する結果、回避行動が維持されるのである。

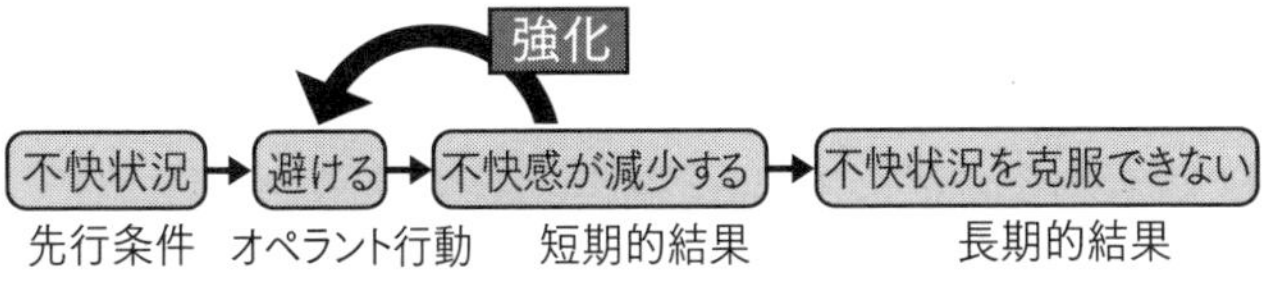

図4　ひきこもり状態の初期

2　ひきこもりの中期

ひきこもりが長期化するにつれ、長期のひきこもりによるストレス反応や元の所属先への戻りにくさが生じてくる。しかし、ひきこもり状態を続けていて良いと思っている人は少なく、ひきこもり状態が長期化することに対する葛藤から、ひきこもり状態から抜け出そうとする多様な行動を示す時期である。

長期化するひきこもり状態にいたる人は、この時期に試みたさまざまな行動が奏功しなかった人たちである。つまり、図5に示すように、長期化に至る事例では、ひきこもり状態から抜け出そうというあらゆる行動に短期的結果として「罰」が生じることになる。長期化するひきこもり状態に至る人は、短期的に起こる罰に屈してしまったために、ひきこもりから抜け出そうとする行動を行わなくなるものと考えられる。しかし、こうしたひきこもり状態から抜け出そうとする行動は、長期的結果から見れば回復の可能性を高める行動なのである。

3　ひきこもりの慢性期

ひきこもり状態が遷延化する中で、抜け出そうとする行動の後に生じる罰に屈した結果、ひきこもり状態にある人は家にいるしかなくなってしまう。つまり、図6に示すように、家にいれば、ひきこもりか

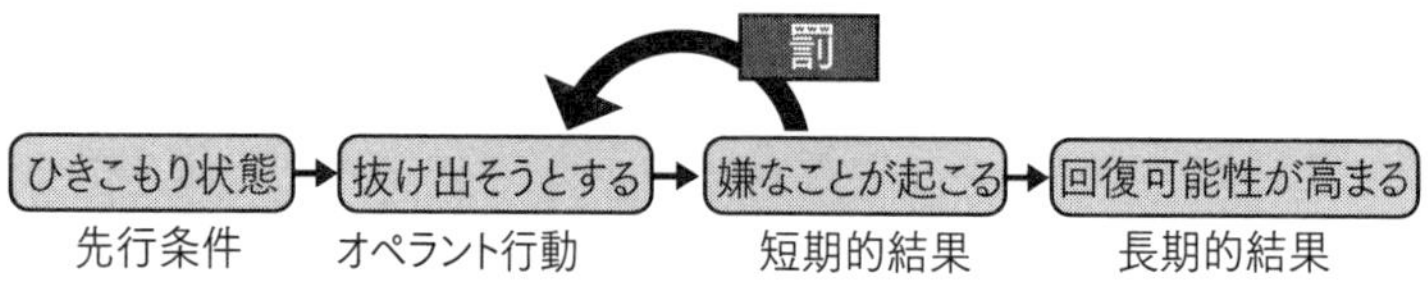

図5　ひきこもり状態の中期

図6　ひきこもりの慢性期

ら抜け出そうとする時に経験するような罰を体験しなくてすむ。このことは、家にいるという意思決定が罰の出現を防ぐという強化を生じさせていることを意味している。

このようなひきこもるという意思決定が罰の出現を防ぐというメカニズムでひきこもり状態が強化されている場合、嫌なことが起こらないように家にいる、家にいるから嫌なことが起こらないという半永久的に持続可能な悪循環に至るのである。慢性化したひきこもり状態は、こうした悪循環を数年にわたって学習している状態と言える。長期化したひきこもり状態からの回復の困難さの一つの要因は、悪循環の強固な学習であると言える。

五　家族関係と学習

1　慢性期に至る家族関係

ひきこもりの家族関係には主に二つのタイプがあると考えられる。一つは叱咤激励タイプで、もう一つは過保護タイプである。

叱咤激励タイプの家族は、焦りや不安から親の意見を一方的に押しつけ、一刻も早く外に出て自立することを求める。しかし、そのような強引なやり方に子どもから激しく反発されることで、叱咤激励という家族のオペラント行動は減少することになる（図7）。

図７　ひきこもりの慢性期に至る家族関係
〈叱咤激励タイプ〉

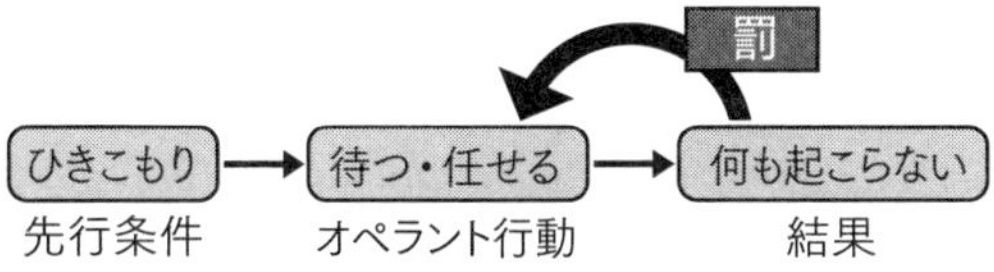

図８　ひきこもりの慢性期に至る家族関係
〈過保護タイプ〉

過保護タイプには、登校や外出、社会参加への刺激を与えてはいけないという誤った考えから待つタイプと、ひきこもりは成長の一過程でそのうち自分で解決するだろうと任せるタイプが含まれる。いずれにしても、自力で抜け出す力やきっかけがない場合には何も変化が起こらないため、待つや任せるという家族のオペラント行動は減少することになる（図8）。

慢性期に至る家族関係に見られる、叱咤激励と過保護は一概に悪いものではない。ただ、慢性化したひきこもり状態に至る人は、結果としてこうした方法が奏功しなかった事例である。慢性期に至る家族においては、叱咤激励と過保護という関わり方が入れ替わりながら出現すると考えられる。しかし、結果としてどちらの方法も上手くいかず、慢性化に至るのである。

2　ひきこもりの慢性期

慢性期の家族関係は、あきらめ、放任といった、家族がオペラント行動を行わないという状態に落ち着いていく。図9に示すように、そっとしておくという意思決定が何も起こらないという結果によって強化され、そっとしておくという意思決定が増加するのである。慢性化したひきこもりにおいては、何もしないから何も起こらないという学習を長期にわたって行っており、この誤った学習を修正することが家族支援における重要な課題となる。

あきらめ、放任といった対応に至る経緯には、遷延化するひきこもり状態の中で生じる、家族間葛藤がある。典型的には、子どもの親に対する家庭内暴力がある。家庭内暴力の主な対象は母親である[43]。しかし、父

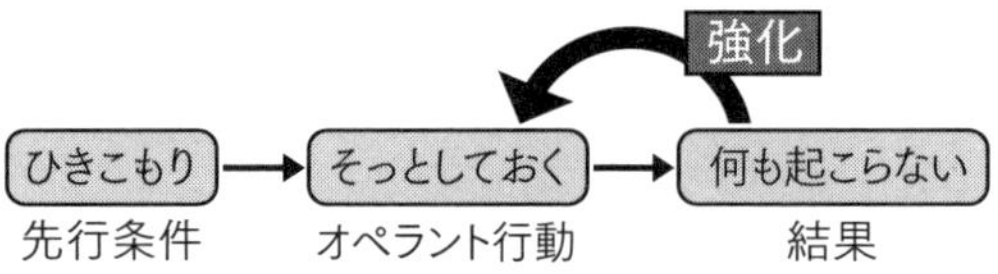

図9　ひきこもり慢性期の家族関係

親が家庭内暴力を抑えようとしても、体力的に優る子どもが父親を返り討ちにする結果になる。激しい家族間葛藤の結果、ひきこもり状態にある子どもに対する恐怖心や子どもにどう接したらいいかわからないという自信喪失が、あきらめ、放任というオペラント行動の背景に存在すると考えられる。

六　悪循環の強固な学習

オペラント条件付けの観点から見るならば、ひきこもり状態は当事者と家族の両者において「何もしないという意思決定が、何も起こらないことによって強化される」というオペラント条件付けによって維持されていると言える。こうした種類のオペラント条件付けは、「嫌子出現の阻止」と呼ばれている。嫌子出現の阻止は、ある行動が不快刺激の出現を阻止することによって維持されるというオペラント条件付けをいう。つまり、「何もしないという意思決定」というオペラント行動が、「何も起こらない」という嫌子出現の阻止によって強化されているというのが、ひきこもり状態の本質であると言える。

嫌子出現の阻止が強く作用する背景には、ひきこもり状態にある人に特徴的に見られる回避傾向があると考えられる。境ら[44]の調査によると、ひきこもりを経験した人は体験の回避の傾向が強いことが示されている。体験の回避とは、不快な思考、感情、行動を避けようとする傾向であるとされ、さまざまな精神疾患の生起・維持要因になっているとされている[45]。体験の回避は、嫌悪刺激を避ける心性であり、こうした心性をもっている人の回避行動が嫌子出現の阻止によって維持されているのがひきこもり状態の心理的メカニズムであると考えられる。

七　ひきこもりからの回復

ひきこもり状態の支援の難しさは、回避し続けることによって誤った学習が強化され続け、適切な学習への書きかえ可能性がきわめて低くなることにある。こうした回避から抜け出し新たな学習を開始するには、オペラント条件付けの前提となる多様なオペラント行動の出現が必要となる。つまり、多様なオペラント行動が出現するように支援するのが、ひきこもり支援においてなによりも重要になると言える。

ひきこもり状態からの回復の兆候は、嫌子出現の阻止によって減少した多様なオペラント行動の出現である。ただし、ひきこもり状態からの回復の兆候としてのオペラント行動は、就職面接に行く、アルバイトに行くというような明らかな回復の兆候と言える行動だけではない。散歩をする、散髪に行く、服を買いに行く、部屋の掃除をする、家族に話しかけるといった些細な変化こそが回復の兆候として認められる行動である。こうした回復に向かおうとする些細なオペラント行動を確実に強化することがひきこもりからの回復につながるのである。

回復の兆候が認められはじめた初期には、図10のような短期的にも長期的にも強化が与えられるようなオペラント条件付けがなされる行動を誘発するのが有効である。つまり、純粋に楽しい行動を誘発するのである。楽しい行動に強化を与えることで、多様なオペラント行動が出現するようになる。この状態が、いわゆる「元気になってきた」と呼ばれる状態と考えられる。

ただし、この時期において短期的には強化を得られても、長期的に罰が与えられるようなオペラント行動を誘発することは望ましくない。こうしたオペラント行動は、いわゆる「問題行動」と言えるものである。問題行動の例としては薬物使用などの依存行動があるが、多様なオペラント行動の中でも問題行動の誘発は避ける

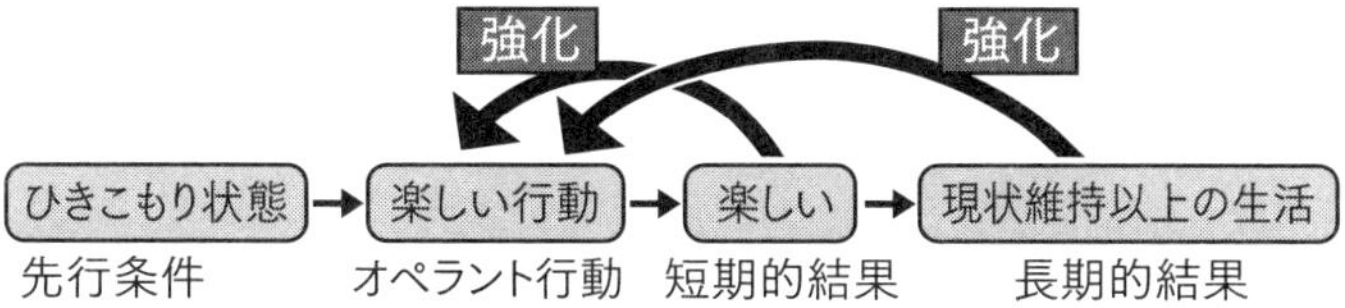

図10　ひきこもり状態からの回復（初期）

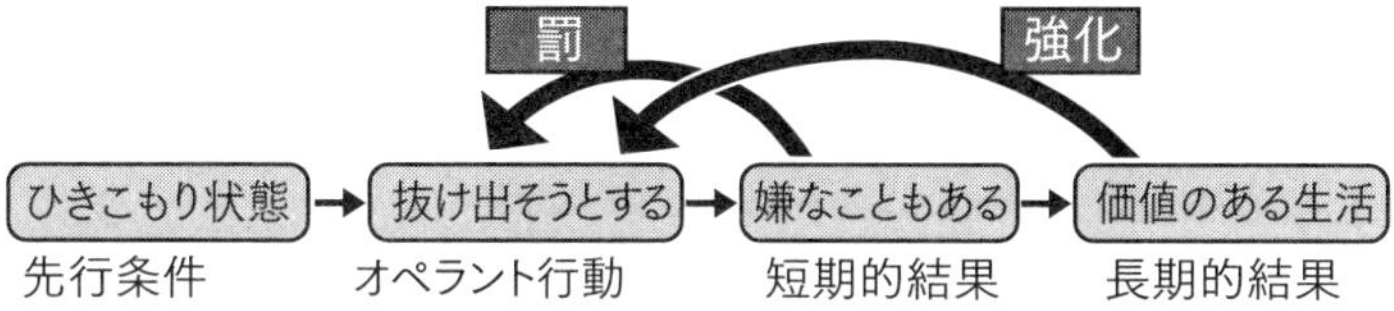

図11　ひきこもり状態からの回復（後期）

べきである。

図11に示すように、長期的観点から行動を選択し実行するには、ひきこもりから抜け出そうとするオペラント行動に続いて生じる可能性のある不快刺激に耐える力が必要となる。ひきこもり状態からの回復を維持するには、長期的観点から行動を選択できるように、短期的結果として生じる不快刺激に耐える力を身につけることが重要である。

上記に述べた、ひきこもりからの回復過程の概要を図12に示す。図12に示すように、ひきこもり状態からの回復は、ポジティブ体験とネガティブ体験が混在する価値ある生活に到達することであると考えられる。逆に、ひきこもり状態はネガティブ体験を回避した結果、何も起こらないという無感情に陥

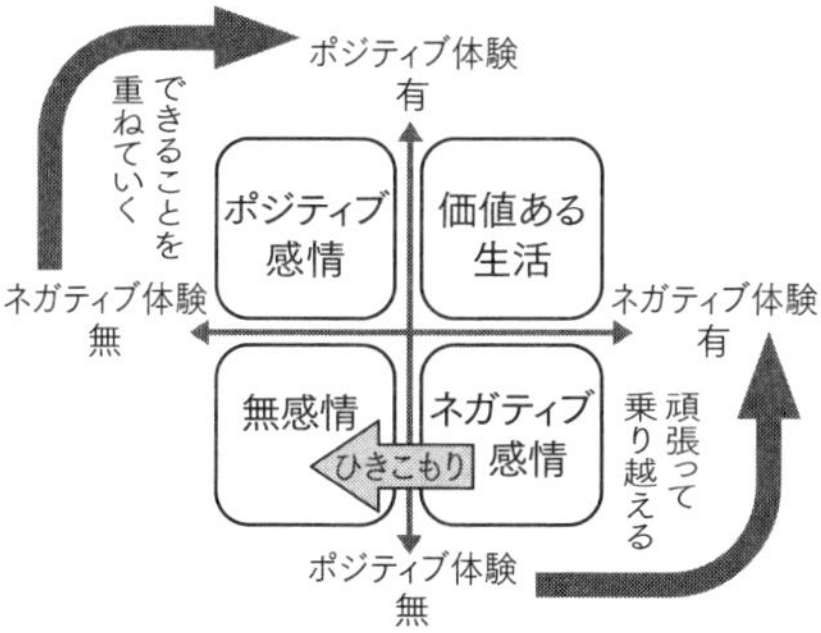

図12　ひきこもりからの回復過程

っている状態であると言える。

ひきこもり状態からの回復のためには、無感情状態から抜け出し価値ある生活に至る経路が重要と考えられる。先に述べたひきこもり状態からの回復は二段階に分けられている。その第一段階は、短期的にも長期的にも強化される行動の誘発である。このことからわかるように、ひきこもり状態からの回復のためには、まずポジティブ感情を伴う「できることを重ねていく」という観点を重視する必要があると考えられる。ひきこもり支援で行き詰まってしまう大きな要因は、これとは逆のネガティブ感情を伴う体験に耐えた結果、「価値ある生活」に至るという「頑張って乗り越える」という方法論に固執してしまうところにあると言える。

八　事例

ひきこもり状態からの回復過程を解説するために、ひきこもり状態に陥った事例に対する第三世代の認知行動療法、その中でもアクセプタンス＆コミットメント・セラピー（以下、ＡＣＴ）[46]にマインドフルネスストレス低減法[47]を組み合わせたＡＣＴ的カウンセリングを行った経過を紹介する。

事例紹介の前に、第三世代の認知行動療法について若干の解説を加えておく。学習心理学を基礎とした心理療法として、第一世代に行動療法、第二世代に認知行動療法があり、ＡＣＴは第三世代の認知行動療法とされている。第三世代の特徴の一つとして、認知や行動を変容するのではなく、認知との関わり方を変える、行動の文脈を変えるという点が挙げられる。認知との関わり方、行動の文脈を変えることで、ネガティブ感情を避けることなく価値ある生活に沿って生きることを目指すのである。ひきこもり状態にある人の回避行動を減少させるためには、ネガティブ感情を避けることなく価値ある生活に沿って生きる力を身につける必要がある。こうした力を身につける一つの方法として有効と期待されるACT的カウンセリングの経過を紹介するものである。

本事例は、公表することをクライエントと保護者に書面にて同意を得たものであるが、個人のプライバシーを考慮し、個人が特定できないよう情報に修正を加えている。

1　事例の概要

クライエント：二〇歳、女性、大学生

主訴：X年四月から休学している。

家族構成：父：五〇代前半、クライエントからみてあまり話さない人、A県に単身赴任
母：四〇代後半、クライエントからみて子どもみたいな人
長男：一〇代後半／次男：一〇代前半

来談の経緯：母親から申し込み。初回は母親と一緒に来談。来たくなかったが母親に連れて来られたと述べる。

生育歴・既往歴：幼稚園の頃はA県、小学校から中学校三年まではB県に住んでいた。明るく活発な子どもであった。B県に住んでいる頃は、家族にも言えないようなことを話せる友達がいた。父親の仕事の都合で、B県から現在住んでいるC県に引っ越してくる。B県にいる友人の話をするときに涙を流していた。C県にはなじめなかったが、勉強は自分がどこまでできるか試してみたいと思い、頑張っていた。

現病歴：C県に引っ越して以来、以前は頑張れていた勉強も頑張れなくなった。中学、高校でいじめを受けた。クライエントは、いじめられたことについて言葉の違いで目立ったためではないかと振り返っている。い

じめについては、自分で何とかしようとして誰にも相談しなかった。X－一年四月に大学に進学したが、X年四月から休学。休学することを母親から反対され、クライエントはこのことで母親に強い不満を抱いていた。クライエントは母親には何を言っても理解してもらえないと考え、本音で話をしないようにしていた。来談時には自宅から出ることはなく、ひきこもり状態の生活をしていた。

治療歴：X－一年六月、親に相談せずに心療内科に通い始めた。心療内科でうつ病であると言われたことを母親に伝えたところ、母親にうつ病になったことを怒られる。このことで、クライエントは親には頼れないと考えるようになった。病院でうつ病の薬を処方され、継続して服薬したが効果がなかったため通院をやめている。その後、X－一年一〇月、精神科に通うようになる。主治医から服薬だけでは治らないと言われ、病院で心理療法を受けるも改善せず現在は心理療法も受けていない。

アセスメント：Structured Clinical Interview for DSM-IV Axis I Disorders（以下、ＳＣＩＤ－Ｉ[48]）を実施した結果、うつ病性障害と判断された。

見立て：中学校三年の転校によって信頼していた友人との関係が断たれるなどの環境の変化から、転校後のいじめなどのストレス事態に対して、クライエントが本来もっている対処能力を発揮できなかった。このことがうつ症状の契機になったと考えられる。そして、学校でのストレス事態を回避するために、ひきこもり状態になったと考えられる。

家族関係は希薄で、困っても周囲の人を頼れないと感じている。母親は父性が強く、クライエントを叱咤激励し追いつめる対応をしている。クライエントはこうした母の追いつめる対応に不信感を抱き、表面的には接触しているが、内面的には完全に心を閉ざしている。一方、父親の対応は放任であり、クライエントは父親に何も期待していない。この事例では、家族関係において母性の不足が顕著に認められるため、家族がクライエントを惹きつける対応ができておらず、クライエントは家族関係からも回避している状態である。また、クライエントは家族以外にも頼れる人がいないため、抱えている困難を自分で解決しようとするが、解決できないまま苦悩だけを抱え込み、身動きできない状態に陥っている。

面接方針：復学の意志は強いため、クライエントの登校への前向きな姿勢を強化しながらクライエントができることを重ねていけるように支援する。クライエントは当初、来談意欲が低かったが、セラピストと話すことによって気持ちが楽になる経験をしたことで来談に前向きになった。うつ病の症状が認められるため、認知療法を優先すべきところであるが、家庭中心の生活をしているため感情を喚起される状況での思考記録が困難であった。そのため、セッション内の体験的ワークを通してさまざまな気づきを得ることのできるＡＣＴ的カウンセリングを実施することで同意が得られた。

面接構造：個別面接、一回五〇分

2　面接経過

一回目：呼吸瞑想を実施する。呼吸瞑想は、マインドフルネスストレス低減法(49)で用いられている技法であり、一定時間、ひたすら呼吸に注意を向け続ける練習を行う瞑想である。その際、呼吸瞑想を実施しているときに生じる、認知、感情、身体の変化を観察するよう伝える。クライエントは呼吸瞑想をすると落ち着くと述べていた。呼吸瞑想をやっていると、「勉強をしなければ」「部屋を片付けしなければ」という思いが頭をよぎったという。

クライエントの価値を明確にするためクライエントにとって大事なことは何かと尋ねると、「勉強をすること以外にない」という。こうしたクライエントの価値の固着によって自身のひきこもり状態をクライエント自身が否定的にとらえていると言える。こうした価値の固着を緩和するため、価値のワークシート（表3）を用いて、勉強以外にも多様な価値観があることを伝え、価値のワークシートを次回までに完成してくるよう依頼した。

二回目：呼吸瞑想をして、「今を感じられるようになってきた」と述べる。クライエントはこれまで過去の失敗や将来の課題にばかり囚われていたと考えられるが、呼吸瞑想によってそうした囚われから離れられるようになったものと考えられる。

クライエントは価値のワークをやってみて、「勉強ができていないことを気にしすぎていた」と感じるようになる。価値のワークについて振り返るなかで語られた主なことを以下に示す。

仕事：目指している職業（対人援助職）は収入が安定しているというのが大きな理由であった。好きなことを仕事にするのは危険で、金銭を重視して仕事を選んでいた。

趣味：ぼうっとすることができず、趣味においても将来の役に立つことをしなければという思いがある。

友人関係：うまくいったことがない。人が好きで誰かいないと駄目だがうわべだけの関係しか築けない。

表3　価値のワークシート

価値の領域	各領域のあなたの価値観	重要度	満足度	従事度
自分の成長				
趣味				
信仰				
仕事				
地域生活				
家族				
結婚・恋愛				
友人関係				
健康				
育児				

重要度：自分にとってどれほど大事な領域かを0～10点で評定する。
満足度：自分の今の状態にどれくらい満足しているかを0～10点で評定する。
従事度：自分の価値観にあった行動にどのくらい力を入れているかを0～10点で評定する。

（ヘイズ，スミス[46]を参考に作成）

仕事：今は勉強が仕事。以前○○大学の学生と言うだけですごいと見られるのでずるいと思っていたが、今は大学に入れただけでも幸せだと思えるようになった。

家族：一緒にいられることが幸せだなと思えるようになった。

価値のワークから、クライエントが将来に強く囚われていることがわかる。特に、趣味においても将来に役に立つことをしなければいけないと考えており、趣味という今を楽しんでよい場面においても将来に囚われていることがわかる。また、価値のワークを通して多様な価値があり、家族といられること、大学に入れたといった現在の幸せを感じられるようになった。価値のワークを通して、将来への囚われから離れ、「今を生きる」という感覚が芽生えてきたものと考えられる。

三回目：外に出る準備として髪を切ってくる。このことから、クライエントが着実に心の準備を進めていることがわかる。呼吸瞑想を始めてから落ち着いて眠れるようになった。週ごとに目標を決めているが、それが達成できずに自己嫌悪に陥っている。このことについて、クライエントは「自分は未来に囚われている」という気づきを得ている。将来への囚われを自覚できている発言と考えられる。

四回目：「まわりが見えるようになった。ここに来てから生き方が変わって楽になった」と述べている。呼吸瞑想によって将来への囚われから離れられたことが、クライエントの苦悩を和らげるのに効果的であったと考えられる。

「こころ」という現象を客観的に観察する方法として、「こころ」を動物にたとえるワークを行う。クライエントは自分の心を「ウサギ」にたとえた。こころのウサギに「よく頑張ってるね、と言ってあげたい」と述べる。この発言は、クライエント自身に対する母性的発言である。クライエントは、狭い価値や将来に囚われ、自分自身を追いつめる父性的対応ばかりをしていた。こころを客観的に観察することで、自分自身に母性的対応ができるようになったと兆候と言える。

「次の金曜日に、少しの時間だけ学校に行くことになっている」ということが語られた。セラピストは学校に行くと、こころのウサギはどう反応するかを尋ねた。クライエントは、「ウサギはかたかたとふるえている」という。ウサギの気持ちをなだめるにはどうしたらよいかと尋ねると、「大丈夫だよ」と声をかけてあげたいという。このやりとりは、クライエントが自分自身に対して母性的対応をすることで、クライエントが自分自身を支持する方法を身につけてもらうことを意図している。

五回目：「前日は恐くて眠れなかったが学校に行けた」と報告された。クライエントはこれまでのことを振り返って結論が出たと言う。その内容は、「自分は完璧主義だった。コミュニケーションも苦手だった。こんな感じだったから、ひきこもりになったのは今後のためには良かったと思う。これまでは人に頼るのが嫌だったが、助けてくれる人に出会うことができた」というものであった。この発言は、クライエントがひきこもり状態という経験を意味ある経験として受け入れたことを意味している。ひきこもり状態という否定的経験を意味ある経験として受け入れられたことは、自分のあるがままを受容できたことを示唆するものであると考えられる。

ＳＣＩＤ－Ｉ[50]を実施したところ、初回時に認められた症状は消失していることが確認されたため終結とした。その後の経過報告で、自分のペースで少しずつ再登校を開始していることが確認された。

3　考察

クライエントは、ストレス事態を回避するためにひきこもり状態に陥ったと考えられる。ストレス事態において試行錯誤を続けるには、失敗しても自分自身を支える力が必要となる。こうした自分自身を支える力を身につけることができたことが、クライエントの心理的不適応の改善と再登校につながったものと考えられる。

クライエントは、価値のあることは勉強しかないと考えていた。そのため、学校に行くか、家にひきこもるかという二者択一になっていた。こうしたクライエントにとって、価値のワークは多様な価値観に気づかせるきっかけとなったと言える。価値のワークに先立って実施していた呼吸瞑想と合わせて、これらの取り組みはクライエントが未来への囚われから離れるきっかけとなったと考えられる。

「こころ」を客観的に観察する方法で、クライエントの自身に対する母性的対応を導くことができた。クライエントは、勉強しなければいけないという価値の固着、将来への囚われから、それができていない自身に叱咤激励ばかりをしていた。親子関係における母性の欠落が、クライエントに内在化されていたと言える。しかし、今を生きる感覚や価値の多様性に気づいた上で「こころ」を客観的に観察することで、自分自身に対する母性的対応を導き出せたものと考えられる。

本事例ではクライエントが来談したため家族支援は実施しなかったが、クライエントが来談しなかった場合、欠落した母性を身につけてもらうための家族支援が必要になったと考えられる。ひきこもり状態は、就学から就労という「普通の生き方」を断念せざるを得ない状況である。こうした状況からの生き方を見つけるのは容易なことではない。ひきこもりからの回復という挑戦の連続を乗り切る力を育てるには、ひきこもり状態にある人が自分自身を支える力が必要になる。親との関係における良好なコミュニケーションは、親が子どもを支えるという意味もあるが、こうした関わりがひきこもり状態にある人に内在化され、ひきこもり状態にある人が自分で自分を支える力を身につけるためにも重要になると考えられる。

本事例では、来談行動を強化するものとしてＡＣＴ的カウンセリングが機能したと考えられる。クライエントは当初来談意欲が低く、来談継続が困難と考えられた。しかし、ACT的カウンセリングによって、価値観の固着、将来への囚われが弱まり、苦悩が軽減されていくことが実感できるにつれ来談意欲が高まった。来談意欲の高まりは、「カウンセリングに来る人はみんなこんなに良くなるんですか？」「来ると良くなるので、毎回来るのが楽しみです」といったクライエントの発言からも裏づけられる。

一方で、ACT的カウンセリングの適用には限界もある。一つは、ひきこもり状態にある人の背景にある精神疾患を考慮する必要がある。ひきこもり状態の背景に多様な精神疾患が存在する可能性が指摘されており、支援方法としても三つの分類（薬物療法、発達支援、心理・社会的支援）が提唱されている。[51] 本事例は、うつ病性障害で心理・社会的支援が有効と考えられる事例であり、ACT的カウンセリングは主に心理・社会的支援が有効な事例に適用される手法であると考えられる。

九　家族関係の回復

先述の事例では扱わなかったが、ひきこもりからの回復において家族は適切な関わり方を身につける必要がある。図13に示されるとおり、家族が適切な関わり方を身につけることで適切な関わり方が強化されるようになり、悪循環から抜け出す兆しが見られるようになる。

適切な関わり方とは、図14に示すように指示と支持、あるいは父性と母性の柔軟な使い分けであると言える。慢性化したひきこもり状態における家族関係は、母性中心

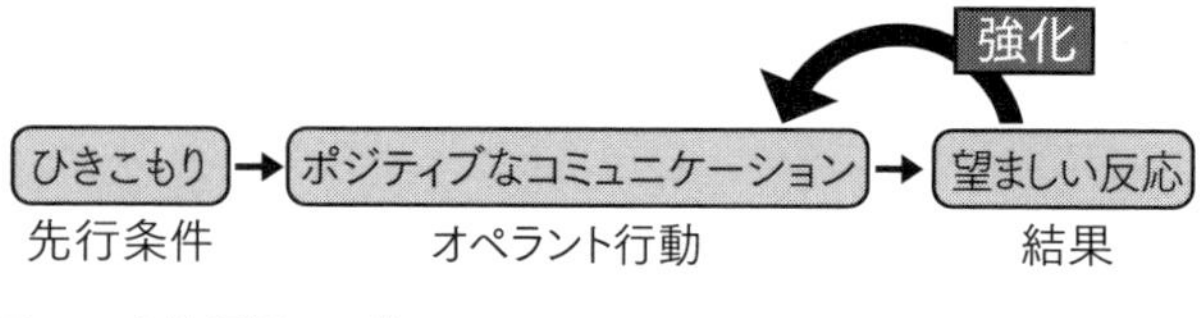

図13　家族関係の回復

の過保護や、父性中心の叱咤激励に偏り、ひきこもり状態にある人の状況に応じてこれらの使い分けができなくなり、最終的にあきらめ・放任に至ると考えられる。

家族関係の回復においても、ひきこもり状態にある人の回避心性を考慮する必要がある。家族はひきこもり状態にある人に対して関わるときに叱咤激励を行い、ひきこもっている人を「追い詰める」ことをしてしまいがちである。しかし、ひきこもり状態にある人を追い詰めても、さらなる回避を引き起こすだけである。したがって、家族関係の回復の初期は受容・共感を強調し、ひきこもり状態にある人を「惹きつける」ことが有効と考えられる。こうした「惹きつける」関わりを通じて、ひきこもり状態にある人との信頼関係を再構築することで、家族関係においてひきこもり状態にある人のオペラント行動が多様性を帯びてくる。その後で、父性的対応を状況に応じて織り交ぜた「ポジティブなコミュニケーション」を用いるのがよいと考えられる。

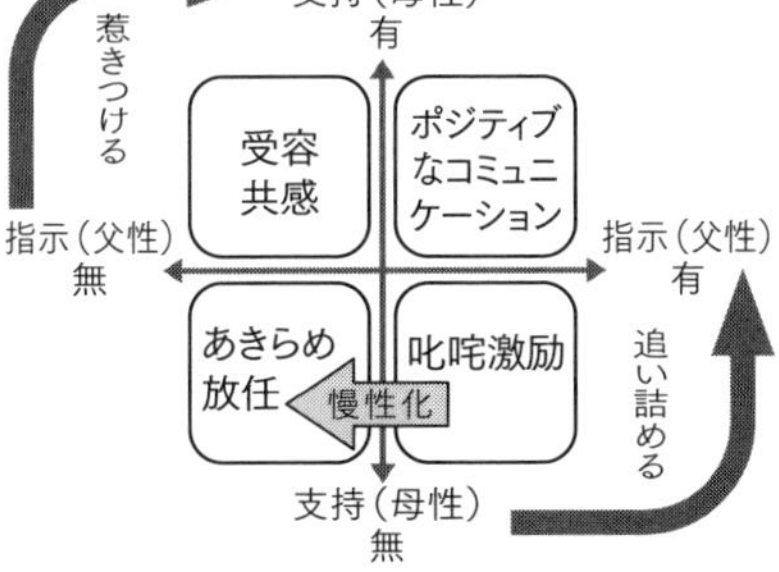

図14　家族関係の回復過程

「受容・共感」と「叱咤激励」は、ひきこもり支援における家族システムを理解する上でも有効である。一般的には、母親が受容・共感、父親が叱咤激励という役割分担がある。そのため、ひきこもり状態が遷延化すると母子密着が深刻になる。母親に対する家庭内暴力は、母子密着を象徴するものである。ただし、母子密着は母親への依存という単純なものではなく、母性への依存であると言ったほうがよい。したがって、父親の母性が母親よりも強い場合、子どもは父子密着に陥っていくのである。家族関係を理解する上で、家庭内での母性と父性のバランス、父親と母親間での父性と母性の役割分担を調整することが重要と考えられる。

一〇　ひきこもり支援における社会資源

支援においては、ひきこもり状態にある人の多様なニーズに応え、できることを提供していくための社会資源が必要となる。こうした社会資源にはさまざまなものがあるが、ひきこもり状態を主な対象に含めている社会資源として、ひきこもり地域支援センター、地域若者サポートステーション、子ども・若者支援地域協議会がある。

1　ひきこもり地域支援センター

厚生労働省では、平成二一年度から、ひきこもりに特化した第一次相談窓口としての機能を有する「ひきこもり地域支援センター」を全国の都道府県・指定都市に整備を進めている。このセンターは、本人や家族が、地域の中で最初にどこに相談したらよいかを明確にすることにより、より支援に結びつきやすくすることを目的にしたもので、公表されている資料によると二〇一三年一月現在、全国三八の自治体に設置されている。(52)

2　地域若者サポートステーション

地域若者サポートステーションは、厚生労働省の委託事業として行われているもので、ニート等の若者の自立を支援するため、地方自治体、民間団体との協働により、若者自立支援ネットワークを構築し、その拠点として若者やその保護者等に対して個別・継続的な相談、各種セミナー、職業体験など、総合的な支援を行っている。

地域若者サポートステーションは、ひきこもり地域支援センターと異なり、ニート等の若者を対象としている。そのため、キャリア・コンサルタント等による支援、協力事業所等における就業体験といった就労に向けた支援を受けられるのが特徴となっている。

地域若者サポートステーションは一定の成果を上げている機関の一つである。設置箇所は二〇〇六年度に二五箇所、二〇〇七年度に五〇箇所、二〇〇八年度に七七箇所と急増し、二〇一二年現在では一一六箇所となっている。二〇〇七年度では延べ来所者数は約一四万五〇〇〇人、二〇〇六年度の四倍、一箇所当たりでも二倍と増加しており、利用開始後六か月時点の進路（就職、進学など）決定率は約二五パーセントと、登録者の四人に一人が比較的短期間で具体的な成果を上げているとされている。(53)

3　子ども・若者支援地域協議会

子ども・若者支援地域協議会は、二〇一〇年に施行された子ども・若者育成支援推進法に基づき内閣府が設置を進めている機関である。子ども・若者育成支援推進法は、①有害情報の氾濫等、子ども・若者をめぐる環境の悪化、②ニート、ひきこもり、不登校、発達障害等の精神疾患など子ども・若者の抱える問題の深刻化、③従来の個別分野における縦割り的な対応の限界、といった背景を踏まえて制定された法律である。子ども・若者育成支援推進法は、①子ども・若者育成支援施策の総合的推進のための枠組み整備、②社会生活を円滑に営む上での困難を有する子ども・若者を支援するためのネットワーク整備を目的としている。

子ども・若者育成支援推進法に基づく子ども・若者支援地域協議会は、「修学及び就業のいずれもしていない子ども・若者」であるひきこもりや若年無業者だけではなく、「その他の子ども・若者であって、社会生活を円滑に営む上での困難を有するもの」である不登校などさまざまな困難を有する子ども・若者を含んでおり、対象がひきこもり地域支援センターや地域若者サポートステーションよりも広いところに特徴がある。社会資源としては、これら三つだけではなく、医療機関、教育機関、ＮＰＯ法人をはじめとした民間機関において実にさまざまな支援が展開されている。こうした地域に根付いた多様な機関との連携を深めていくことが、効果的な支援を実現する上で重要になると考えられる。

一一　おわりに

本稿においては、ひきこもり状態の心理的メカニズムについてオペラント条件付けの観点から説明を加えた上で、メカニズムに基づいた支援方法について論じた。オペラント条件付けの観点からは、ひきこもり状態は当事者と家族の双方において何もしない、そっとしておくという意思決定が嫌子出現の阻止によって強化されるという同様のメカニズムが作用していると言える。

また、ひきこもりからの回復においても、当事者と家族に同様のメカニズムが適用可能である。ひきこもり状態にある人は「できることを重ねていく」、家族関係においては「惹きつける」対応をすることは、いずれもひきこもり状態にある人のオペラント行動の多様性を高めることを意図している。オペラント行動の多様性の高まりは、いわゆる「元気になる」状態であり、「元気になる」ことがひきこもり状態からの回復であると言える。

本稿で示されたオペラント条件付けの観点からの理解と支援が、ひきこもり状態に関わる人に共有されれば、ひきこもり状態にある人とその家族を傷つけること無く、どんな状況からでも尊厳を守られた生き方を実現することが可能になると考えられる。

第五章　日本における若者の病理の変化——ひきこもりと行動化

河合俊雄

一　ひきこもりの多様性

筆者は、心理療法家であり、またその中でもユング派の分析家というオリエンテーションで心理療法を行っているので、その立場から「ひきこもり」というテーマを検討したい。したがってまず、ひきこもりという事象に対して、これまでの章の著者たちよりも臨床的に検討していくとも言えるし、またユング心理学が文化的背景を重視するように、ひきこもりを狭い意味での精神病理としてだけでなくて、たとえば「こもり」[1]との関係でとらえていくなどのように、より広い視点から見ていくことになる。その意味で、この本のタイトルである『「ひきこもり」考』に非常にふさわしいのではないかと思われる。

心理療法における、一つの重要な方法論は事例研究であり、それはナラティヴ・アプローチにまでつながっている。しかし心理療法に関して全般に当てはまることかもしれないけれども、特にひきこもりに関しては、個々のひきこもりの事例は本当に多様なように思われる。たとえばジャーナリストが扱っているひきこもりの例を読んでも、非常に多岐にわたっていると言える。[2]心理療法家として関わる場合、クライエントがひきこもりから抜けるときは、どのようにして抜けるのだろうかということを検討してみても、さまざまな事例報告でも明らかなように、何らかの適切な方法があるというよりは、いつのまにかひきこもりから抜けていたという場合がけっこう多いように思われる。

あるいは、セラピストがひきこもりの人と何でつながり、どのように接点をもつかは、個々の場合で非常に異なってくる。逆に言うと、いかにひきこもりの人のひきこもり的でないところとつながるかが鍵になるということでもあると思われる。なぜならば、そもそもひきこもっている人が、心理療法に出てくること自体がひきこもりの定義や状態像に矛盾するし、例外的な出来事であろう。ひきこもっている人が、それでももっている何かのチャンネル、何かの窓とつながることになっていくことが心理療法において生じてくると思われる。そうすると、ひきこもり的でないところが心理療法においては勝負になっていくかもしれない。そういう意味で例外的なところがポイントになると思われる。

さらに、ここではあまり詳しくふれることができないが、いわゆる病態水準をどのように考慮するか、あるいはさらには、それとは関係のないものとして考えていくかどうかということも、ひきこもりに関して明らかにされないといけないかもしれない。本書のなかでも、ジーレンジガーが、ひきこもりというのはおそらくそんなに重篤な精神病ではないだろうということを指摘している。[3]またひきこもりについて多くの著書を出している斎藤環[4]も、同じ考え方である。ただしひきこもりというのは、細かい定義をしなければ、あくまである一つの状態像であって、中には思春期の一時的なものから統合失調症まで、さまざまなものがあると考えられる。つまりひきこもっているという一時的な危機や移行期としてのものから、恒常的で非常に病理的なものまであるということである。さらには最近の傾向として、神経症水準なのか、境界例水準なのかなどという病態水準の発想でとらえられるかどうかも疑わしく、ひきこもりの人の中に、広い意味での発達障害の人が多く含まれているように思われる[5]。

たとえば狩野力八郎と近藤直司が編集している『青年のひきこもり』[6]においては、精神分析の立場から、自己愛とひきこもり、不登校とひきこもりなど、さまざまなパターンの中でのひきこもりをとらえようとしている。このような試みからもわかるように、ひきこもりと言っても本当にさまざまなものがあると考えられ、一概にある議論に収斂させていくのには危険があるかもしれない。したがって特に臨床心理学や心理療法の枠組みで、事例にふれつつひきこもりについて検討していくとすれば、この章での展開とはかなり異なるものになるであろう。

二　ひきこもりと日本文化

ただし本章では、ミクロ的な視点からどのようにマクロ的なものを明らかにできるかを試みてみたい。これまでの章では、ジーレンジガーはジャーナリストであるので、このマクロ的な視点で仕事をしているであろうし、北山忍や内田由紀子の場合は、社会心理学者として調査、実験をし、マクロ的な視点でとらえようとしている。それに対して、筆者の場合は、ふだんは心理療法の事例という非常にミクロ的なものを扱っている。しかしここではその中からどうマクロ的なものを見ていくか、そしてどう個別から本質を見ていくかというのを、多少乱暴で大胆な議論になるかもしれないけれども、試みてみたい。

特に文化心理学の著者たちとの共著ということで、ひきこもりを日本文化との関係でとらえていこうとすると、日本文化に対して、心理療法の立場からはいくつかの代表的な理論があることがわかる。他の章でもふれられているように、「恥の文化」や、土居健郎の「甘え」というのが、ひきこもりと関係しているかもしれない。さらには河合隼雄による「母性社会論」や「中空構造論」などの、日本文化に特徴的なものが、ひきこもりと関係しているかもしれない。

筆者の立場であるユング心理学は、神話とか昔話を分析して文化的な特徴を見ていくところがある。たとえば河合隼雄の「中空構造論[7]」もその典型であって、日本神話において、三つの神様がいると、その真ん中のものは何の役目も果たしていないことに注目する。たとえばいわゆる三貴神のなかで、アマテラスとスサノオは対立をなしていて、非常に活躍するけれども、ツクヨミというのは物語の中で何の役割も果たしていず、それどころかほとんど言及さえされていないように思われる。このような例は他にもあって、タカミムスヒとカミムスヒの二神については、その働きが神話の中で語られるのに対して、その名前からして中心や最高神となるように思われるアメノミナカヌシは、その後何の記述もない。そのことから、日本神話の神々の構造における中心というのは空洞であって、それが日本人の心の構造と非常に合っているのではないかと分析していくのが河合隼雄の「中空構造論」である。このように神話というところから心の構造を分析していく特徴がある。

するとひきこもりに関しても、ジーレンジガーがすでにふれたように、アマテラスが天の岩戸にこもったことから、ひきこもりについて考えられるのではないかということになるかもしれない。

あるいは神話だけではなくて、昔話からひきこもりについて検討することができるかもしれない。この種の話は日本では事欠かないように思われる。たとえば浦島太郎は、四〇歳までお母さんと暮らしていて、何もしようともしなかった。それはニートの先駆者と考えられるのではないだろうか。浦島太郎というのは、全然うだつが上がらなくて、最後は玉手箱を開いて老人になってしまっただけとも言える。こういうところにニートの原像が現れていたと考えられないだろうか。また日本という国のあり方について検討してみると、江戸時代の鎖国というのは、国として何百年も国際社会からひきこもっていたとも考えられる。このようにいくつも例を挙げることができるので、ひきこもりというのは日本文化に非常に関係していると言えよう。

さらにユング心理学は、文化人類学や、宗教の儀式から現象や症状をとらえていくところがあり、その場合にひきこもりは、イニシエーションとの関係で検討されるかもしれない。日本には「おこもり」ということがあり、それは河合隼雄も明恵の例などをひきながら指摘しているように[8]、修行としてこもるということがある。ファン・ヘネップは、イニシエーションの三つの段階として、まず「分離」(separation)があり、その後に「過渡」(transition)があり、最後に「統合」(integration)があると分析している[9]。その最初の「分離」というのは、まさにこの世の中から離れてひきこもることであると考えられるのである。

このイニシエーションとしての「こもり」という視点から書かれたものとしては、河合隼雄の「こもりと夢[10]」や岩宮恵子の「思春期のイニシエーション[11]」が興味深い。後者の論文は、ひきこもりの事例を扱っていて、安倍晴明との関係でひきこもりのことが検討されている。しかし本章での視点とは少し異なるので、ここでは詳しくはふれない。

三　時代性

このように神話や物語を通して見ていくと興味深い視点が得られる。ここでひきこもりについて、浦島太郎の物語を使いつつ、考察することもできるであろう。しかしこのようなユング心理学による分析や見方の問題点は、歴史性をあまり考慮していないところであると思われる。心理学的な真理というのは、時代に結びついているということが非常に重要であろう。逆に、ここでひきこもりについて大騒ぎしていても、五年後や一〇年後になるとまた全然違う現象や行動が社会的に問題になっているかもしれない。けれども、心理学者は普遍的な真理を目指す哲学とは違って、今の時代の真理をとらえないといけないと思われるので、今問題になっていることを取り上げつつ、それを深めていくことが大切であろう。

そこで日本の学校における問題を少し歴史的に検討してみると、一九五〇年代・六〇年代に当時は「学校恐怖症」や「登校拒否」と呼ばれていた不登校の子どもたちが出現するようになってきて、その後に校内暴力などが非常に増加し、あるいは家庭内暴力、そして最近のいじめに至るまで、学校の問題もかなり変化してきていると言える。あるいは一九六〇年代頃、神経症と非行の子どもが問題になっていたのに、最近は圧倒的に発達障害が学校の中で大きな問題になっていると思われる。[12] 心理的な問題というのは、このように変化していく。

精神科や心理療法の領域における症状や診断の変化を世界的に見ると、たとえば一九七〇年代・八〇年代には境界例と言われる人たちが増えてきて、非常に大きな問題となった。境界例とは、精神病と神経症の間という意味をもちつつも、独自のパーソナリティー、あるいは人格障害として理解されていく。境界例の人たちは、無制限な要求と、親やセラピストなどとの二者関係へのこだわりということを特徴としていて、多くの治療機関を混乱に陥れるくらいであった。しかし一九九〇年代以降は、解離性障害が北米に始まって世界中に圧倒的に増えていっている。クリニックに来る人の中で境界例の人はかなり減ってしまったのではないかと思われる。境界例の人は、犯罪、クレーマーなどで社会化されるようになってしまったのではないかという説もあるが、ともかく心理療法を受ける人の中では非常に少なくなっている。さらに二〇〇〇年以降では、多重人格などの解離症状をもつ人も減少して、軽症も含めての発達障害が一番目立つ症状になってきている。[13]

しかしこのように症状の変遷を検討する際には、心理療法家の見方が変化しているのか、対象が変化しているのか、なかなかわからないところがあるのを指摘しておかねばならない。心理療法家や精神科医の見方が変わったからある症状が増えているのか、それとも症状自体が本当に増えているのか、そのあたりも考慮する必要がある。心理学の理論は、それ自体が人々に訴えかけて、問題をつくりだす傾向があるので、このひきこもりの流行も時代の問題として考える必要もあるし、ジャーナリズムがこういう見方を出してきたということも、ひきこもりがこれだけ大きな問題になる一つの要因となっているかもしれないということも、どこか頭の片隅に置いておかないといけないと思われる。

四　日本人と近代意識

ひきこもりを、時代性や病理の変遷との関係で見ていくためには、やはり日本人の意識がどのように変わってきたかをとらえておく必要がある。そこでまず、「日本人と近代意識」ということを検討してみたい。日本人に最も典型的な神経症は、対人恐怖である、あるいは対人恐怖であったということが言えるだろう。対人恐怖とは、一九二〇年代に森田療法で有名な森田正馬によって赤面恐怖などの症状として取り上げられたのが始まりである。それは対人恐怖という名のとおり、他者の存在や視線を恐れる症状である。たとえば大学で一〇〇人ぐらい入る講義室で授業を聞いていると、後ろのほうで二、三人の人が自分のことをじっと見ていたり、噂をしていたりする気がして、落ち着かなかったり、怖かったりする。あるいは、通学や通勤するときに、近所のおばさんたちが立ち話をしているところを通り過ぎたときに、自分のことをジロジロ見たり、噂をしたりしているように感じられる、などが典型的な症状である。視線が気になるとか、噂されているとかを主な症状としつつ、あまりひどくなると外出ができなくなるまでになって、非常に日本人に典型的な神経症だと言える。その中に赤面恐怖とか、対人恐怖的なものから書痙、手が震えて文字が書けなくなったり、話そうとするとどもってしまったりする吃音とか、いろいろな形での症状が見られる。ＤＳＭの以前のバージョンであるＤＳＭ―Ⅲに出てくる社会恐怖症は、対人恐怖に似ているようであっても、いわゆる中間の関係を恐れるものではないところが違うわけである。

対人恐怖が社会恐怖症とどういうところが違うかというと、まず、家族など親しい人には怖さを感じず、非常に親しい人に対しては怖さを感じない。また逆に、全然知らない人に対しても恐怖は抱かない。問題になるのは、近所の人とか、通勤、講義でいつも出会う人など、少し知っている人、すなわち中間の人で、これが対人恐怖の非常に特徴的なところになっている。

この症状自体が、「私」というのが関係の中で揺らぐことを示していて、非常におもしろいと思われる。つまり、人と接するのがつらいとか怖いとかいうのが、親と近所の人と知らない人に対するのではまったく異なってくる。日本語では、相手によって人称の言い方が変わることが多い。もちろんドイツ語やフランス語でも、相手によって親称であるか敬称であるかの区別があるけれども、主語は変化しない。それに対して日本語では主語も変化して、たとえば筆者は公的な場では自分のことを「私」と言うけれども、日常では「ぼく」という言い方を用いている。そのように相手によって主語の人称を変えるように、関係の中で自己が揺らぐということが、非常に如実に症状に出ていると言えよう。

対人恐怖では、共同体との関係が問題になるのではないかと思われる。近所の人々やクラスメイトなどは、特別自分に近い人たちではなくて、なんとなく自分のまわりにいる共同体的なものに属すると考えられる。本来のところ、共同体的なものは自分を守ってくれて、包んでくれるはずのもので、そこに浸っていて、安心できるはずのところである。しかし共同体から出ていこう、自立しよう、主体を確立しようとする人には、共同体的なものが、自分を取り込んでしまい、脅かす脅威に感じられるわけで、だから中間の関係にある人たちが怖くなる。つまり共同体的な関わりというか、周囲からの温かいまなざしというのが、自立しようとか主体的に生きようと思っている人には、まとわりつくように思えていやになる。そういう温かいはずのまなざしが怖いと感じられてしまうのが、対人恐怖症なのである。本書のジーレンジガーや北山が指摘しているように、場依存的なところから脱却しようと、共同体から出ていこうという動きが生まれてくると、共同体との間でアンビバレンスや葛藤を体験することになる。

心理学的に見ると、主体というのは、常に否定的に意識される傾向があると思われる。まず二、三歳の頃の反抗期を考えても、自分の存在は反抗するという否定によって現れてくる。その意味で、対人恐怖という症状において現れてくる主体というのも、見られているとか、噂されているとかによる恐怖という、否定的な形での主体が問題になっていると言えよう。

主体の否定に関しては、自己愛を検討してみると興味深い。自己愛というのは、自分をすぐれているものとして評価し、自分に酔うことであると思われるかもしれない。しかし自分を「自分って何てすばらしいのだ」とみなすような肯定的な自己愛は少なくて、むしろ日本人にも多いように、「おれってダメなんだ」という否定的な形で表現されるものが非常に多いと思われる。主体はすぐれて否定的な形で現れてくる。統合失調症の妄想においてさえ、自分は迫害されているという迫害妄想や、誰かに後をつけられているという追跡妄想が多く、自分への関心の向け方は否定的になる。つまり自分は追っかけられているとか危害を加えられようとしているという形で、自分にエネルギーを向けることがなされ、妄想という形ではあるものの、主体を守るための試みがなされている。だから、主体というのは大体否定的に表現され、統合失調症でもより重症になると多幸感（ユフォリア）とか万能感のように肯定的な形が出てくる。

主体の始まりは常に否定的で、それは赤ちゃんがノーと言えることが発達上すごく大事なことであるのに示されている。たとえば生後八か月くらいのときに生じてくる人見知りというのは、お母さんではない人に抱かれようとしたり、話しかけられたりしたら泣いたり、嫌がったりすることで、ここにも拒否という否定的な形で自分が現れてくる。またすでに指摘したように、反抗期は主体の確立のために非常に大切であると考えられる。このように主体というのは概して否定的に意識される。その中で対人恐怖も否定的に自分が意識されているあり方であると考えられる。

典型的な対人恐怖としては、夏目漱石を挙げることができると思われる。夏目漱石に関しては、病跡学からさまざまな説があるけれども、それを病理として考えても精神病とまでは言えず、重症の対人恐怖の症状を呈するときがあったように思われる。周知のように、ロンドンで夏目漱石は下宿の主婦が親切にしてくれるけれども、陰で悪口を言ったり、見張っていたりするという妄想を抱くようになる。これも中間の関係の人が守るものにならず、迫害する恐怖の対象になる状態であると考えられる。夏目漱石の文学ほど自意識や、個人になることの葛藤を表現したものはないと思われる。『草枕』には、「智に働けば角が立つ。情に棹させば流される。意地を通せば窮屈だ。とかくに人の世は住みにくい」という有名な文章があって、まさに周囲との葛藤の意識を表している。漱石の小説の筋における一つの特徴は、結ばれない恋、禁止された女性が登場することで、これには漱石と兄嫁との関係からとらえる説もあるけれども、むしろ原初的な融合や一体感から排除されたことによる、葛藤する意識の特徴が認められると考えられる。このような葛藤の意識、日本近代の意識の課題を漱石はみごとに描いている。

日本に比べて、西洋の歴史における近代意識の確立は長い歴史をかけて成立してきた。それはキリスト教を背景にもつ近代化のプロセスが非常に大切であったと思われる。近代意識の確立と共同体の関係に関しては、ルソーの「社会契約論」などに見事に示されている。ルソーによると、社会契約とは、国家と個人がその中間にある共同体から解放され、国家と個人が直接的関係をもつことになる。同じようなパターンが示されていると考えられるが、宗教改革も、教会という共同体からの個人の解放によって、個人が直接に神と向かい合うようになる。だから、西洋において共同体からの個人の解放という作業は、何千年もかけて行われてきたので、そのプロセスはすでにほぼ終えられていると言えるかもしれない。したがって日本におけるような、中間の関係に関する葛藤としての対人恐怖のような症状はほとんど見られない。

西洋における個人としての主体の確立は、共同体からの解放の他の局面もあるので、少しふれておきたい。たとえば「われ」の確立を導いたデカルトも、主体の確立を示すパラダイムをうち立てたと思われるが、興味深いのはそれに到った懐疑という方法である。デカルトの方法的懐疑という、すべての存在を疑っていくことは、モノには魂がないことを証明していることになる。つまりデカルトが順番に疑っていき、否定していくことによって、それぞれの物はそれ自体で存在し、前近代的表現をするならば魂を持つことによって存在するのではないことになる。そして全部を疑っていって否定した後で、最後に疑っている私だけが確かであるということになる。つまりそれぞれの物には魂がないけれども、人間にだけにこころがあり、主体性があるということである。それまでの前近代的な世界観では、木にも魂があり、石にも魂があったけれども、近代の意識はそれを否定していったと言える。

西洋における近代意識の確立は、遠近法というある一点から見る主体が成立したことにも認められ、またイーフー・トゥアンが『個人空間の誕生』(14)の中で具体的な歴史的事実から明らかにしたように、個人空間の誕生と個人の成立は非常に密接に関わっている。まだ一六、七世紀ぐらいでは、個人の部屋というのはヨーロッパでもなかったと言われているし、個人空間ができてくることと個人の成立は、非常にパラレルに進んだとされている。

五　ポストモダンの意識

社会恐怖との違いを明らかにしたように、日本人の代表的な神経症は対人恐怖であった。西洋において、近代意識の確立とパラレルに神経症症状を扱う心理療法、特に深層心理学的な心理療法が成立してきたように、神経症は近代意識の確立と密接に関わっている。つまり、自分で自分を見つめるという自己意識があることによって心理療法が可能になるし、また逆に自分で自分のことを思い悩み、自分と自分の間の分裂が生じてくるからこそ心理療法の対象となる神経症症状が生まれてくる。[15] 対人恐怖も、日本人が自己意識をもちはじめたために生じてきたと考えることができよう。

ところが日本において対人恐怖が近年急激に減少している。これは臨床家の実感であるし、またさまざまな相談室での受理事例の数量的傾向でも裏づけられている。たとえば京都大学の心理教育相談室においても、対人恐怖という診断や見立てのつくクライエントは、ほとんどいなくなっている。また心理療法以外の場面でも、大学生の対人不安意識を調査したところ、一九八一年に比して一〇年後の一九九一年では著しく衰弱したというデータがある。[16] 子どもたちにヴァイオリンやピアノを教えている先生から、最近の子どもたちが発表会などであがらなくなったというのをよく耳にする。そのような報告をしてくれている先生が子どもだった頃では、先生の前で演奏したり、それどころか発表会になるとドキドキしたり、あがって赤面したり、うまく演奏できなくなるということがしばしば見られた。あがるというのは、自分を外から見る意識があって緊張することであり、すぐれて自意識の葛藤と考えられる。筆者の小学校の頃も、教室で先生にあてられて、何か言わないといけなくなるだけで赤面する子はいっぱいいたけれども、最近はあまり認められないように思われる。

先に述べたように、対人恐怖が近代意識を確立する途上に生じてきている症状であるとすると、対人恐怖が減少していることは、どのように理解すればよいのであろうか。対人恐怖は、共同体から解放されたいとか、自分を包む共同体との間に葛藤を感じるから生じてくるとすると、対人恐怖の減少に関して二つの仮説が考えられる。一つは近代意識ができたから減少したというもので、もう一つは近代意識は確立できなかったけれども、それがもはや重要な課題ではなくなったというものである。さまざまな状況を観察してみると、確かに共同体の力がなくなり、コンテインする共同体の力がなくなってしまったけれども、近代意識は必ずしも確立されなかったように思われるのである。

たとえば倫理とか性ということを考えてみると、木原雅子が一〇代の子どものエイズに対する啓蒙ということで、「性行動と日本社会」[17]というのを調べているが、それによると中学生・高校生の性意識に劇的変化が認められるという。つまり中学生・高校生が不特定多数と性的関係をもつようになっている。それはスクールカウンセラーの報告などを聞いていても、そのとおりであるように思われる。また社会行動を見ても、学級崩壊とかが頻繁に見られ、それどころか授業参観では、後ろで見ているお母さんたちがガヤガヤしゃべっていて授業にならないなどということが起こってしまう。基本的な社会意識や規範が近年ではさまざまな領域で驚くほど崩壊してきているように思われるのである。すると、前近代のあり方からの解放を目ざして、共同体との間に葛藤を感じつつ近代意識を確立するという課題が意味をもたなくなって、近代意識を飛び越した「ポストモダンの意識」が支配的になってきているように思われるのである。

ポストモダンという言葉を用いると、たとえばリオタールが大きな物語の終焉という意味でポストモダンという言葉を用い始めたように、その言葉のコンテクストでの細かい実証と検討が本来は必要になるところである。しかしここでは単に、前近代のあり方から近代意識が確立されたように、単に近代意識の後に訪れつつある意識のあり方という意味でポストモダンの意識という言葉を用いたい。もちろんポストモダンの意識は、さまざまな思想や芸術のコンテクストでのポストモダンと密接に関わってはいるのであるが。

近代意識とポストモダンの意識の違いを明らかにするために、他でも用いたことがあるけれども[18]、夏目漱石の『三四郎』と村上春樹の『スプートニクの恋人』を比較してみるのがわかりやすいように思われる。『スプートニクの恋人』に、語り手である「ぼく」が北陸に一人旅しているときに、電車で知り合った女性と一夜を過ごすエピソードがあって、それに「なんだか『三四郎』の冒頭の話みたいだなとそのときに思った」という「ぼく」の感想がはさみこまれている。

『三四郎』の冒頭で、三四郎は故郷の熊本の高校を卒業して上京してくる汽車の中で、女性と知り合う。途中の名古屋で一泊するときに、行きがかり上一緒に泊まることになり、女性はお風呂の中に一緒に入ってきたりなどして、いろいろと三四郎を誘惑しようとするけれども、三四郎はそれに乗らなかった。前近代の意識からすると、そのような状況では何のためらいもなく性的関係をもつのかもしれない。それはたとえば夜這いや、まれびとを歓待するという習慣にも現れていたかもしれない。しかし三四郎の場合には近代意識がその邪魔をしたと考えられる。そんなゆきずりのその場限りのセックスではなくて、恋愛というのは一人の人格に対するロマンティックで恒常的なものであるなどという、近代意識が三四郎をとどまらせる。夏目漱石における禁止された女性ということにすでに言及したように、ここでも女性との関係に禁止が働いている。それは後に三四郎が憧れを感じる美禰子との関係においても認められるのである。

それに対して『スプートニクの恋人』における自意識と葛藤のなさは驚くべきものである。「ぼく」は旅の途中で出会った女性と金沢で一緒に泊まることになる。そして三四郎とは異なって、何のためらいもなくセックスをする。この女の人は二か月後に職場の人と結婚する予定で、その結婚する相手のことを「とっても良い人よ」と言う。ここには何の葛藤もない。「ぼく」とフィアンセのどっちが好きとか、浮気をしたことへの罪悪感とか、そういうものが一切認められない。そこにはまったく人格の連続性や全体性という近代意識の特徴がない。『海辺のカフカ』においてカフカ少年を性的に満足させたさくらさんは、「こんなのはただカラダの部分のことなんだから、そんなに気にしなくてもいいんだよ」と言う。このような意識から、援助交際なども可能になってくると思われる。

少し乱暴な分け方かもしれないが、前近代的世界における関係には万葉集の世界のようなところがあって、たちまち相手との恋に落ち、またそこにエロスの直接性があったと考えられる。そしてたとえば昔の村で、外から人が訪れたときにまれびととして歓待され、性的な関係がもたれることもあったことなどからすると、それは単に性的な直接性ではなくて、相手はある意味でまれびとであり、神であって、性的関係は聖なるものや超越的なものとの交わりでもあったと考えられる。

それに対して近代意識には、直接の関係はなくて、タブーや禁止するものができてくる。関係は言葉などによって媒介されねばならず、また相手に直接向かうのではなくて、自分を見つめる意識が強まる。成就しない愛などのように、不可能な絶対的なものが憧れられる。

ところがポストモダンの意識になると、何でもありになってしまう。もはや禁止やタブーは存在しない。そして絶対的なもののような何かを目指すとかいうことはない。一つのものから別のものに移っていくという全然違うあり方になってくるのである。

そうすると、どうも日本には近代意識は確立されないままで、筆者の言い方だとポストモダン的な意識になっているのではないであろうか。スクールカウンセリングにおいて、罪悪感のない生徒とか、本当に解離している子がすごく増えているという指摘がある。[19]何かものを壊したりしても覚えていないとか、殴ったりしても覚えていないとか、そういう子が非常に多くなっているようである。自意識とか罪悪感とか葛藤のない生徒が増えている。するとそれは自分で自分のことを考えるという、自己関係をもったり、内面のある意識ではもはやなくなっているのではないだろうか。心理療法が、自分で自分を見つめるという自己意識を前提としているならば、これまでの意識のあり方に基づく心理療法は困難になってきているように思われる。ひきこもりが増えているということの背景には、対人恐怖のような葛藤を感じる近代意識ではなくて、ポストモダンの意識に日本人のあり方が移ってきていることが関係していると思われるのである。少し長い説明になってしまったが、このようなポストモダンの意識への変化を頭に入れつつ、もう一度ひきこもりについて検討してみたい。

六　ひきこもりと行動化

少し長いが、『論座』二〇〇八年一月号に出た「河合隼雄ラストインタビュー」から引用したい。

「そういう意味で、興味深いのは、対人恐怖症は今はほとんどなくなってきたんです。ものすごい少ないです。ぼくが臨床を始めた頃は、対人恐怖症がものすごく多かったんです。今はそれがないですよ。対人恐怖にならんと、ただひっこんでるのよ。人前に出なきゃならない、でも、出られないし、そういう葛藤があるから対人恐怖症になるんでしょう。今、葛藤なしにポンとひきこんでしまうんです[20]」。

このように脳梗塞で突然倒れる二か月前に河合隼雄は話していたそうである。

ここで指摘されているように、対人恐怖が減少しているのは、共同体との摩擦がなくなって葛藤が減ったことに起因していると考えられる。摩擦が少なくなったのは、共同体の力が衰えて、一方では守りが弱くなったと同時に、他方で束縛が少なくなったためと考えられる。たとえば束縛とは、ジーレジンガーも本書で指摘しているように、ある年齢になったらお見合いをしないといけないとか、結婚をしないといけないなどということなどである。それはあいさつやおみやげなどの物のやりとりなどで、社会的な関係を保っていかねばならないということもある。先に指摘した学校での様子や、中学生・高校生の性的行動からもわかるように、そのような束縛がどんどんなくなってきている。ただ、共同体の守りや束縛は弱くなったけれども、西洋のような近代的な主体とか意識の成立には至っていない。そうすると、何か問題を感じたときにひきこもってしまうわけである。

共同体の力の衰えという視点はひきこもりを考える際に大切であるけれども、またひきこもりを一面的に見ず、その裏側も同時に視野に入れていくというのが必要なように思われる。学生紛争の時代に京大の保健管理センターに勤務していて、後に名古屋大学の精神科に移った笠原嘉はステューデント・アパシー、つまり学生の無気力ということを問題にした。[21] つまり一九七〇年安保で学生運動が非常に盛んだった頃に、無気力な学生がけっこう多くいたことに着目したわけである。確かに社会的に目立っていたのは政治活動でヘルメットをかぶってデモ行進をし、大学をバリケードで封鎖したり、立てこもったりし、時には暴力をふるった学生である。しかし、その影で無気力な学生が増えてきていて、学生相談や学内の精神科医を訪れていたということに注目したわけである。つまり激しい行動と無気力は意外と近いところがあって、それはたとえばうつ病の人に強い攻撃性が認められることでも裏づけられている。そして表面で目立つ暴力よりも、背景にある無気力のほうが問題であることを指摘したわけである。

今日でも若者に関しては、マスメディアではどうしても少年犯罪がよく取り上げられることになるけれども、その影で活動性が乏しく、無気力な子どもや若者が多いということが問題であると考えられる。さまざまなアンケートや統計によっても、日本の子どもは、おそらく親よりも将来に受け取る給料が多いだろうと思っているのが一〇パーセント余りしかいないなど、夢とか希望をあまりもっていず、野心をもっている子どもも少ない。だから若者に関してはある種の両極化が進んでいて、一方でひきこもっている人たちがいて、他方で暴力とか性的な逸脱などの極端な行動化がすごく目立ってきているのではないかと思われる。

ひきこもりの事例において、ひきこもっていた子が突然出会い系に行くなどということがしばしば生じる。何にもできず、外に出て行きそうにもないと思っていた子が、突然インターネットにアクセスして、異性に出会って、それでアッという間に関係をもってしまうということが多くある。つまり、ひきこもりと極端な行動とは正反対のように思えて意外と近いのである。

価値判断ではなくて、セラピストの立場からすると、行動に至らずにひきこもっている状態にとどまれるほうが良性というか、治療的チャンスは多いように思われる。またインターネットによって、本当にひきこもるのが難しくなっているということも言えると思われる。さらには、ひきこもりの人が起こしたとされている事件がいろいろとあるように、ひきこもっていることと爆発的な行動をとることは、意外に近いと思われる。だから、完全なひきこもりと暴力や性としての暴発は正反対ではない。同じことの両面というか、間の接点がないために両極になるのではないかと考えられる。

これは、ひきこもりの人に暴発のリスクがあると安直に受けとられるべきではなくて、事件にまで到る場合も、心理学的に見れば、その人が事件を起こすことで接点を求めてあがいていると理解することができる。

さまざまな精神鑑定の記録を読んだりしても、事件自体は非常に悲しいことであるけれども、本人からすると関わりや接点を求めての最後のあがきとして受けとれることが多いように思われる。一九八〇年頃に不登校の一群から家庭内暴力の事例が多く発生したけれども、これも子どもの側からの接点を求めてのあがきではないかと思われる。だから、心理療法家からしても、また社会からしても、接点を求める気持ちをいかにキャッチするかがポイントであるように思われる。

七　村上春樹とひきこもりの意味

村上春樹の『スプートニクの恋人』から、ポストモダンの意識について説明したように、村上春樹の作品は現代のこころや意識のあり方を非常に的確にとらえているところがあると思われる。しかも言わば表面から深層まで描き出しているのが興味深いところである。そこで最後に、村上春樹の作品からひきこもりの意味について検討してみたい。

ひきこもりにはイニシエーションの意味があることを最初のほうで指摘した。人類学者のヘネップの分析は、イニシエーションを分離・過渡・統合というプロセスとして理解している。イニシエーションが始まると、若者は共同体から分離されて小屋などにこもる。これが分離の過程である。するとひきこもりもプロセスの中で理解すると意味があるのではなかろうか。こもっているときに、祖先とか神についての知識を教えられるというのが、本来のイニシエーションなわけである。

岩宮恵子の「思春期のイニシエーション」における事例で、ひきこもった子が、一を三で割っても割り切れないのに、なぜ一メートルの紐は三等分できるのだろうという謎に突き当たる。このような謎を見つける、謎を知る、謎を解くというあたりが、ひきこもりの意味を考える際の大きなポイントだと思われる。それは禅の公案にも似ている。公案はたとえば「片手の音を聞く」とか、「ゴォーンと鳴る鐘の音を止めてみよ！」とか、とても狭い輪を示して、「この中をくぐり抜けてみよ」とか、まったく不可能に思える課題から成り立っている。それによって公案を出された修行者はわからなくなって、こもってしまう。これも謎によってこもり、こもることによって謎を解くということの例だと思われる。

ユング派の分析家であるギーゲリッヒは、危機と病理を区別している。[22] 危機とは、人間が成長していくなかで一時的に陥るもので、それはむしろ成長に必要なものかもしれない。思春期は危機の代表的なものと言えよう。しかし危機が恒常化すると病理になり、たとえば統合失調症の一つであるヘベフレニー（破瓜型、妄想などが目立たず、思考障害など陰性症状が中心）が思春期に好発するように、精神病にさえなってしまう。同じようにして、一時的なひきこもりは危機とかイニシエーションのプロセスとしてとらえることができるけれども、それが恒常化すると病理になってしまう。恒常化する理由は、もちろん個別のものが存在するであろうけれども、社会的、時代的な視点から考察すると、ひきこもりから出ていく社会に意味がなくなってきている、あるいは将来の社会について下り坂のイメージが支配的であることが大きいと考えられる。ジーレンジガーの章でも、これからますます日本は下り坂で、ますます社会に出ていく意味がなくなっていくかもしれないという指摘がなされている。そうすると、こもりのプロセスから出ていくことのできない人が増えていくのではなかろうか。また出ていくほうではなくて、こもるほうを考えると、イニシエーションにおいて、こもることによって得られる真の知識とか内容がなくなってきているということが考えられる。

村上春樹の小説において、よくひきこもりが認められる。村上春樹自体がひきこもり的ではないかという噂もあるかもしれないが、多くの作品にひきこもりの要素が見られる。『ねじまき鳥クロニクル』において井戸に「僕」がこもる。『海辺のカフカ』に中田さんという変わった人物が登場するけれども、この人は戦争中に山中で担任の先生の生理の血がついた手ぬぐいを持ってきて、叩かれて意識を失い、まったく記憶を失ってしまう。これもある種のひきこもりとも考えられる。『アフターダーク』で、マリのお姉さんのエリは眠り続ける。でも、時々ご飯を食べているらしい。これはきれいなひきこもりと言えよう。『スプートニクの恋人』で、すみれは向こう側の世界に消えてしまう。最近の『1Q84』に出てくる「空気さなぎ」の物語は、世の中を離れてひきこもってしまう集団と、さらにその集団からも引き離されて蔵に閉じ込められてしまう少女を描いている。

初期の村上春樹の作品に対して、その現実感覚のなさと流れていく感じに「デタッチメント」ということが言われていた。それと性と暴力が目立っていたけれども、デタッチメントとは裏腹だと考えられる。それに対して後には、ひきこもりから出ていくコミットメントというのをかなり村上春樹は作品の中で押し出してきたと考えられる。それが『ねじまき鳥クロニクル』においては、はっきりとした形で認められる。たとえば井戸から出て行動に移るところ、妻のクミコの兄である綿谷昇を殴るなどのところである。しかしそれが本当に成功しているかどうかについては、もっと詳細な検討が必要であると思われる。

ひきこもりがイニシエーションのプロセスにおけるある局面にならないのは、こもったときの本来なら聖なる場所に、現代においては内容がなく、真の謎とか知識がないからであると思われる。つまり前近代の世界にはいた神々が、そこにはもはやいない。神々が本当にいると思いたい人は、『1Q84』が示しているように、カルト集団や原理主義になってしまう。するとひきこもるのは、何かのためや意味のためにではなくて、もはやなくなった神々の世界や古の知恵への捧げ物であると考えられる。つまりそれへの生け贄である。だからたとえば『海辺のカフカ』で、向こうの世界の入り口は一度は開かれるけれども、最後は石で閉じられる。だから、現代におけるひきこもりとは、一度入り口を開けてこもっていって、そこには何もないということを確認して閉じることではないかと、村上春樹の作品は示唆しているように思われる。

ひきこもりから出てきて回復することは、昔のように何か知恵を見つけて出てくるものではないのではないと思われる。ただし、個々のクライエントや、個々の子どもの場合、まだ意味や知恵を見いだすような、古典的なイニシエーションに似た例もあるかもしれない。内的に豊かな世界のひきこもりの例としては、「思春期内閉」ということを提唱した山中康裕の事例(23)などに認められる。けれども現代の多くの事例においては、むしろ何もないことを知って、ひきこもりから出てくる場合が多いのではなかろうか。だからさまざまな事例において、ある日突然ひきこもりをやめて出てくるということが起こる。禅の公案自体には意味がない、つまり実体的な「これはこうですよ」というような意味はないと思われる。それはある種のナンセンスのようなものである。それは一を三で割ると割り切れないのに、一メートルの紐を三等分にはできるのはなぜかという問いに答えがないのと同じである。

そうするとひきこもりについて、このような対策があるという積極的な解決はないかもしれないけれども、ひきこもりについてのある種の誤解からの解放は可能であるし、必要であると思われる。まずひきこもりを否定的に見て、無理やりに社会に引き出そうとする発想から我々は解放されないといけない。これはすでに多くの人が主張しているかもしれないけれども、それに加えて逆に、ひきこもりに価値を見いだそうという発想からも解放される必要はあるのではなかろうか。ひきこもっていると何か創造的なことができるというのは必ずしもそうではない。そのような発想からも自由になる必要があるのではなかろうか。

筆者は心理療法をしているけれども、その中で個々人の語りや物語につきあうことは非常に大事なことで、物語は本当にそれぞれユニークで、人によって違う。けれども同時に歴史的な課題への視点、イニシエーションにおける知恵や知識がある意味失われていっているのではないか、そしてそれがないことの確認などを意識している視点も大切ではないかと考えている。

第六章　臨床現場から見る「ひきこもり」

岩宮恵子

一　はじめに

思春期や青年期のありようは、昔と比べて大きく変わったのだろうか。変わったとしたら何が変わったのだろう。

筆者は、日々、臨床心理士として多くの思春期、青年期の問題に関わっている。主な臨床の場は大学の心理相談室だが、小・中学校や専門学校でのスクールカウンセラーとして、学校現場にも平成七年度から一七年間、関わっている。その間、学校現場ではいわゆる不良ではない子の問題行動が増加し、そしてその指導は時に考えられないほどの困難を極めるようになった。またわが子に起こっている問題をすべて他者の責任に帰したりする保護者も、その程度の激しさとともに増加傾向にあるのも確かである。

一方、突出した問題行動として出て来ない、一見ふつうに適応している子どもたちの学校での人間関係維持のためのストレスが、明らかに高まってきているのを感じる。そして、いわゆる「草食系男子」の増加の余波なのかもしれないが、そのストレスの質の男女差が以前ほどはっきりと違わず、男子のなかにも、今まで女子特有と思われていたような人間関係の複雑さが生じることが増えているような印象がある。

今回のひきこもりのテーマに引き寄せると、心理相談の専門機関である大学の相談室では、ひきこもっている本人と何年にもわたって継続的に会う機会がある（相談室に来るときだけ家から出ることができるというクライエントもけっこういる）。しかしひきこもっている本人が専門機関に継続的に通うなどというのは、ある意味、それだけでもすでに問題の半分は解決しているようなものである。本人が到底、来談などできるような状態ではないことが多いので、保護者が困って来られるケースのほうが圧倒的に多い。また、たとえば不登校の子どものことで来談されている保護者から、一番困っているのは、実はその子の叔父であったり叔母であったりがひきこもって家にいて、その様子に不登校の子が影響されてしまうことなのだと語られることもまれではない。

ひきこもっている子どもをもつ保護者との面接をしていると、「本人は悩んでいる気配がない。悩んだり葛藤したりしていたら、まだ理解できるが、本当にストレスがなさそうに過ごしている。お金のかからない質素な生活しか望まないので、働くことや家の外に出ることに対してまったく気持ちが動かない」というような嘆きがよく語られる。そしてなかには「どうしたら働くようになるでしょうか」「何を言えばいいでしょう」「ネットばかりしていますが、それは辞めさせたほうがいいのでしょうか」と具体的なアドバイスを求められたり、「苦しい気持ちをわかってもらっても救いにならない。実際にどうすればいいのかが知りたいんです」と、即座に解決する良い方法を求めて詰め寄られたりすることもある。家のなかで暴力があるケースもあるが、働くことや生活ぶりを非難しない限り、本人は穏やかにそこそこ幸せそうに過ごしていることも多い。本人が葛藤しない分親が葛藤し、その葛藤という爆弾の導火線に火をつけたままで治療者に丸々手渡され、そこで爆弾処理係として有効で役に立つ言葉を、毎回、強く求められることも増えてきている。そうすると、現実を劇的に変える有効性の高いミラクルなアドバイスなどできない自分が、とことんダメな役に立たない治療者のように思えて、思わずその場から逃避してどこかにひきこもりたくなってくる。

その一方で、本人自身が社会と関わりをもてないことに問題意識を（どんなおぼろげなものであったとしても）もっている事例も、決して少なくはないし、「こもっていることの意味」を一緒に考えて、せっかくこもっているのだから、それを大事に考えようという視点を共有することのできる保護者もおられる。

本稿では、筆者が（本人にしろ、保護者にしろ）関わっているひきこもり事例をいくつか紹介しながら、臨床現場から見えてきた現代のひきこもりについて考えていきたい。また、本書の前章で河合俊雄が対人恐怖の減少について共同体との関係で論じているが、そのことについて、学校現場での人間関係のストレスのありようを紹介しながら別の角度から考察し、そのことと現代のひきこもりの関係についても考えてみたい。

二　ひきこもりの事例――イニシエーションの視点から

生育歴や家庭環境にそれほど特殊で複雑な問題を感じさせないのに、深刻なひきこもりの状態に陥るひとたちがいる。そのひとたちについて考えることは、現実的な状況に原因を求めにくいだけに、生育歴や家族要因が特別ではない一般的な家庭に起こっていることとして考察を深めていくことも可能ではないかと考えている。

今までにも、このような一般家庭で起こるひきこもりの問題を個人的なイニシエーションの視点から考察したり[1]、ひきこもって何も（本を読むことも、テレビを見ることも）できない無気力なクライエントの裏側に潜む激しく破壊的なイメージの存在について『臨床家　河合隼雄』のなかで河合隼雄の事例へのコメントとともに報告したことがある。[2] いずれも「こもりと夢[3]」や『縦糸横糸』のなかの「『引きこもり』の効用[4]」や『生と死の接点[5]』などで河合隼雄が論じているように、ひきこもりの問題をイニシエーションの視点からとらえたものである。この二つの事例はかなり前のものになるが、今でもこれらの事例のように、ひきこもることのなかにイニシエーションの意味を見いだすことができるような事例を経験することは変わらずある。

まず、最近の事例のなかから、ひきこもることのなかにイニシエーションの意味を感じさせられた事例について考察してみたい。特に、以前の事例と違うのは、その経過のなかにインターネットという回路が入ってきているということである。

今回、ここに記す事例はすべて、本人ならびに家族の了承は得てあるが、プライバシーへの配慮から、内的な真実はそのまま残るように努め、現実的な部分に関しては変更を加えている。

Ａ子が不登校になったのは、高校三年の秋だった。部活を引退するまではバレー部で活躍し、そのほがらかな人柄でムードメーカーとして、部活の中心人物だった。ところが、ある日を境に、本当に何の前触れもなく、突然、学校に行かなくなってしまった。友人たちからメールや電話が入ってきても、まったく応じることもない。家族が心配をして声をかけても顔を背けて逃げるようにして自室に籠もってトイレに行く以外はまったく出てこない。食事も部屋に差し入れない限り、食べに出て来ることもない。友人と何かトラブルでもあったのかとリサーチしても、良好な関係を示すエピソードが浮かび上がるばかりで、謎が深まるばかりだった。

優等生の息切れタイプの不登校かと考えても、どうも違う。無理をして周囲に合わせるようなタイプでもなく、けっこう自分の考えは表に出す子であったし、親に対しても素直に言うことをきくことばかりでもなく、理屈を言って反抗することも多かったのである。しかし、言うだけ言ったら気が済んで普通に振る舞うことはできていたし、きょうだい仲もいいし、父母の夫婦仲も悪くない。強いて言えば同居の祖母と母の間に葛藤は存在していたが、それを父もよくわかっており、母の愚痴にちゃんと耳を傾けてくれるため、さほど深刻な状況には至っていなかった。

Ａ子が自室にこもりきりになってから一か月後に、両親そろって来談されたのであるが、その後、両親ともに仕事で忙しいなか、何とか時間を調整して両親二人での来談がずっと続いた。それほど、子どもの状態に対して夫婦で一生懸命取り組もうという姿勢のある両親だったのである。

何より家族にとって深刻だったのが、Ａ子がまったく口をきかないということだった。そしてそれは反抗のために口をきかないというよりも、声を発すること自体を無くしてしまい、いきなり全緘黙になったかのような状態だった。母が食事を運んでいくと、その時だけは姿を現すのだが、パーカーのフードを深くかぶり、顔を見せないようにして手で食事を置く場所を示し、母の問いかけには首を振ることで応じていた。きょうだいがドアの外から話しかけてもまったく返事がなく、無理に開けて部屋に入ると、布団にくるまって背中を向け、じっと動かないということだった。

まったく発声をしないという全緘黙状態自体も深刻だが、最も精神病が疑われたのは、風呂に入らず、着替えもしない状態がずっと続いていたということであった（結局、彼女は三年間風呂に入らず、その間、一切着替えもしなかった）。そのため、両親には家の近くの精神科にも受診してカルテを作り、何か動きがあったときには、すぐに対応してもらえるように準備をしておいてもらっていた。

ちょっとここで高校二年から不登校になった男子生徒Ｂについて紹介したい。彼は、不登校になってすぐに、一日中学校にいることはもう無理だと訴え、全日制から通信制へ進路変更をした。高校卒業は何とかしたものの、その後の進路が決まらなかった二〇歳の頃から、パーカーをかぶって顔を見せないようになり、風呂には二週間に一度くらいしか入らない状態になっていった。それでも二週間に一度は風呂に入るし着替えもするので、その点ではA子よりも、まだマシだろう。そして、ネットでのゲームに興じて昼夜逆転生活を送っていたのである。当然、本人は治療など望まず、困り果てた親が来談してこられたのである。

もともとは気持ちの優しい穏やかな性質の子であったが、今の状態を少しでも改善するように働きかけると（たとえば、風呂にはもうちょっと頻繁に入ろうなどというレベルのことでも）「オレはこれでいいんだ」「オレは一生、働く気はない」「お前たちは仕事の奴隷だ。いやいや働くなんてバカなことしてやがる。働いたら負けだ」などと高飛車なことを言うのだった。そしてワーキングプアの現状などを調べて、働いても意味がないことについて理屈っぽく親に向かって話し、親がそれについて少しでも何か言うと、「うぜー」のひとことで話を終わらせるのだった。その反面、「肩が凝ったから揉んでほしい。お返しに僕も揉んであげるから」などと父母に甘えてくることもあるし、きょうだいには普通に笑顔で接することもあったので、長引いている思春期危機の可能性も考えながら親面接を続けていた。

しかし「これだと家から出ろとは言えないだろう」と言って眉毛を剃り、髪の毛を右半分だけ刈り上げたり、真夏でも家のなかを移動するときに布団を頭からかぶって引きずりながら歩いているなどということもあったので、精神病の可能性も高いと感じざるを得なかった。本人は家に入ってくる他者とは絶対に顔をあわそうとしなかったが、地域の保健師と連絡もとっておき、何かが起こったときの対応を両親に備えてもらっていた。すると些細なやりとりから父を突き飛ばすという対人暴力が突然出て来たため、それをきっかけに措置入院となり、統合失調症の診断が下ったのである。家にひきこもってからその時までに三年半ほどたっていた。そして投薬を受けるとみるみる落ち着き、いろいろなことに取り組む意欲も生まれてきた。退院後は家事をまめに手伝うようになり、自動車免許も取得してデイケアにも真面目に通っている。

ひきこもりにもさまざまな病理があるということは、河合が前章でひきこもりの多様性として論じているのでくり返さないが、ひきこもりという現象の裏には、まさに千差万別の背景が存在しているのである。

このBのように精神病がベースにある場合でも、ひきこもっている状態を急激に何とか解決しようとせず、家族が注意深く観察し、関わりを何とかもとうと努力しながら相談に通い続けることの意味は大きい。ひきこもりの殻を強く必要としているから、家から出ない理由をワーキングプアまでもちだしてことさらに主張したり、パーカーで顔を隠すだけでは飽きたらず、眉そりや非対称の不自然な髪型など、非日常の（まるで山ごもり中の修行僧のような）外見にしたり、布団までかぶったりしていたのだろう。両親には、病気の可能性も伝えつつ、でも、異常と見える言動にはこんな意味もあるかもしれないと話しながら、ひきこもりの「殻」がどんな形でかはわからないが、破られる日を待っていたのである。そしてBの場合、その「殻」は暴力という否定的な形で破られることになったが、そこをきっかけに劇的な変化がもたらされたのである。

さて、A子に話を戻そう。こもり始めて最初の一年は、一切、何のコミュニケーションもとろうとしない状態が続いていた。無理に話させようとしないこと、こちらは変わらず、A子のことを温かい想いで見ていることを、さりげないメモを食事につけることなどで示していくことなどを親面接で話し合っていた。一年半ほどたったあるとき、食器が廊下に返されているなかに、「色鉛筆、黒のサインペン、絵の具、パレット、画用紙」と書かれたメモが入っていた。メモという初めてのコミュニケーションに、これが欲しいということなのだろうと察した母が、すぐに買ってきて与えると「ありがとう」というメモが返ってきた。このようなやりとりができるだけでも両親にとっては涙が出るほど嬉しいことだった。そして「何を描いたのか良かったら見せて」と母のほうもメモに書いて送ると、やがて一枚の絵が、部屋の外に出された。それは、ペガサスが星空を飛んでいる絵だった。

両親はこの絵を面接室に持参して見せてくれたのだが、宇宙のなかの一点を目指して飛んでいるかのようなペガサスの絵からは、身体は部屋のなかにひきこもりながらも、天を飛翔するペガサスのイメージが彼女のなかに生き生きと存在していることがリアルに伝わってきた。このイメージ表現によって、彼女のひきこもりが創造的な意味を含んでいるものであるということが確信できたので、その見立てを両親と共有した。それからというもの、スケッチブックにＡ子は次々と作品を描くようになった。その色使いは美しく、調和のとれた色彩感覚を彼女がもっていることが伝わってきた。今までＡ子は絵など描いたことがなかったということだったので、両親は彼女のこのような変化に驚いていた。

Ａ子が作品を作り始めたとき、これは彼女に秘密で作品を見せてもらうのではなく、治療者の存在を明らかにしておいたほうがいいと判断し、母親から伝えてもらった。そして治療者に絵を見せてもいいかと訊ねてもらったところ、Ａ子ははっきりとうなずいたということだった。それ以降、面接のたびに両親はＡ子の作品を持ってくるようになり、その作品に対して、治療者のちょっとしたコメント（色の重ね方がとても美しくて、ずっと見ていたくなるなど）を両親から伝えてもらうようにした。

やがて彼女は書名を何冊かメモに書いてそれを図書館で借りてきてほしいと望むようになった（母親が毎日差し入れていた新聞を読むようになっていたようで、そこから本の情報を得ていたようだった）。彼女は、村上春樹、よしもとばなな、小川洋子、恩田陸といった作家の作品を次々に読むようになっていった。書名のメモを両親が面接室に持参してこられるたびに、「この本はかなり理解するのにエネルギーがいるかもしれないけれど、面白さはすごいと思う」など、その本に対しての治療者の短い感想を、Ａ子が読み終わったことを確認してから言ってほしいと伝えていた。

そして本を読むようになった頃から、A子は、家に誰もいないときを見計らって髪だけは洗うようになっていた（顔はまだ洗えていないので垢だらけだった）。両親とは、「読書を始めたことや、外部の人間（治療者）ともご両親を通じてつながってきたことで、頭の部分は少し社会とつながってきたということでしょうね。だから、頭のところは社会化してもオッケーな部分ということで髪を洗うようになっているのかもしれませんね」などと話しながらこの時期を過ごしていた。

このように、両親面接という形態ではあるが、親を通してA子本人とも出会っているような治療を続けていたのだが、やがてずっと使われていなかった彼女の携帯電話が、パケット通信を利用している形跡を残し始めた。と同時に、着払いでの荷物が届くようになったのである。そう高価なものではないので、両親はお金を払ってそれをA子に届けていた。どうやら手芸店から送ってきているようだったのだが、ある時、「お母さんに」というメモ書きとともに、丁寧な飾り文字の刺繍が縫いとられているA子の手作りのポーチが食事の返却とともに差し出されたのである。

ひきこもるまでは完全な体育会系女子だったので、そのような手芸などに興味をもったこともないA子が、どうしてこんなに手芸が上手にできるのかと両親は驚愕しておられた。それからというもの、ハンカチに刺繍をしたり、ウォールポケットや、エプロンなど、家族のための作品が次々に制作されるようになった。またレース編みなどでもセンスのいいファッション小物を作り、それをきょうだいや母にプレゼントして、みんなを感激させていた。どうやら、手芸の方法などは、ネットで調べているようで、パケットの使用時間も徐々に長くなってきていた。

しかし相変わらず口をきくことはなく、風呂はおろか、着替えもしない状態は続いていたのである。着ていたスウェットもボロボロになっているし、凄まじい臭いも発していたが、母の差し入れの着替えに手をつけることはできなかった。髪を洗うことができた頭部は社会化されたものの（定期的に髪は洗っていた）、身体が社会化されるためには、もう少し、時間がかかるようだった。彼女は自分用の素晴らしい服（ワンピースで、襟と裾に細かい刺繍をたくさん入れたもの）を膨大な時間をかけて制作していたようだが、それは部屋から持ち出すことはなく、着るという発想もないようだった（なのでこの洋服については、それを見た母から話を聞いただけで治療者は見ていない）。

この経過からは、ネットという頭（脳）だけの社会参加というのは、ハードルが低いから、使いようによっては非常に有効なものなのだということを考えさせられた。ネット中毒になってひきこもっている人たちは、脳のみで社会と関わろうとして身体性が置き去りになってしまっているという問題がある。その一方で、深く厳しいひきこもり修行（まさに修行のような印象がある）に入っているＡ子のような人にとっては、いい時期になったときに、まず、脳だけでもネットによって社会参加して買い物などができるようになることが、外の世界との通路になりうる大事なことなのだということを感じた。そしてひきこもりというと、すぐにネット中毒というイメージを抱きがちであるが、一番きつい形でひきこもっていると、ネットにすらつながることができず、相当回復した状態でなければネット参加もできないのだということを感じた（このことについてはまた後に論じる）。

さて、創作活動は活発に行うものの、着替えない、喋らないということ自体には変化のない日々に、両親は、急いで何とかしようと思っても無理なのだと頭ではわかっていても不安が募ることも多かった。そのような時、「成女式」というものが未開民族にはあり、暗い部屋や洞窟に一定期間閉じこもって針仕事を覚える期間を過ごすこともあるらしいなどという、ひきこもりにまつわるイニシエーションについての話を伝えたりしていた。(6) この視点は、両親にとってとてもフィットしたようで、折りに触れ、「まあ、成女式をゆっくりしていることですね」という話題が出てきていた。「成女式」という概念をＡ子の籠もりを見守る上での共通認識として面接内で何度も話題にして確認することが、いつ終わるともしれないこのような状態をしのいでいくためにはとても重要なことになっていた。

そして彼女が家に閉じこもって三年が過ぎた。ある日、食事を持っていったところ、Ａ子から「高校卒業の資格って何とかとれないものかな」といきなり声をかけられて母はびっくりした。三年ぶりに聞く声だったが、あまりにふつうのトーンだったので、「ああ、じゃあ心理の先生（治療者のこと）に聞いてみとくね」とふつうに答えたのだという。いよいよ社会との接点が本格的に生まれ始めているのだと、両親も治療者も心配しながらも期待がふくらんだ。そして高校卒業認定試験のことを両親から伝えてもらったところ、さっそくネットで調べて参考書を通販で買い、資料請求も自分でしたのである。そこから二か月間、取り損ねていた教科の勉強をし、試験の前日に三年二か月ぶりに風呂に入り（三時間、入っていたらしい）、ネットで買った洋服を着て彼女は試験を受けに行った。

ひきこもっているときに自分で作ったワンピースは部屋を出ていく時のためのものではなかったんだとその時にわかった。あの時に制作していた服は、彼女にとって外に出るための服というよりも、日常性を超えたところで籠もっている、自分のもうひとつの身体に着せるための、ひきこもりの日々を象徴的に収束させるための儀式としての意味をもつ依代だったのかもしれない。

三年ぶりに家の車に乗って試験会場まで両親に送ってもらいながら、Ａ子はごくふつうに天気の話や新しい店ができたりしている話をしていた。両親ともども胸がいっぱいだったのだが、本人はケロリとしたものだったらしい。荒行をしていたかのようなぼろぼろの服を脱ぎ捨てた彼女は、それ以降、あの三年間がなかったかのように、ふつうの生活に戻っていったのである。

そして一二月に高校卒業認定試験の合格通知が届くと、A子はすぐに受験を考え始めた。ネットを使って自分で調べて、都会にある服飾専門学校に行きたいと両親に伝えた。とはいうものの、すぐに家から出て都会暮らしをさせるのは両親にも治療者にも少し躊躇があったが、A子の決意は固かった。そして一月末には合格を決め、早く街にも慣れたいからと二月末には家を出て都会でのひとり暮らしを始めた。その後、服飾専門学校では同学年の人たちはみな年下ではあるが、仲の良い友人も出来て、徹夜で課題をこなす日々を送るようになった。最初はデザイナーを目指していたが、やがてデザイン画からパターンを起こす作業が一番、自分には向いているからパタンナーになるほうがいいような気がすると言って、卒業と同時に就職を決め、今はパタンナーとして企業で働いている。

発声さえもしないという閉じた時間を過ごすなかで、飛翔するペガサスのイメージが彼女のなかで動いていたが、ひきこもりの殻が割れて新たに日常に帰ってきた彼女は、空の一点を見つめ、その方向へとあっという間に飛び立っていったのである。

服を着替えることができなかった時期の彼女は、服を脱いだとたんに、自分自身の輪郭が崩れてしまうような不安を抱えていたのではないだろうか。このことについては以前も考察したことがあるが[7]、ひきこもっている最中にアトピーが急に発現したり、今までもあったアトピーが信じられないくらい悪化するひともいる。それは外と自分との接点である皮膚を、不快極まりない症状によって過剰に意識させられることによって、自分の輪郭がどこまでなのかをはっきりさせているのかもしれない。それほどに「自分」というものがぼやけてしまっているから、籠もって外の刺激から自分を守ることも必要になっているのではないかなどとも想像する。A子の場合は、皮膚症状の代わりに、不快な皮膚としての汚れた服がその役割をしていたのではないかと思う。

そして彼女は、デザイン画からパターンを起こすという、二次元から三次元へと具体的なレベルで次元を変えていく仕事へと向かっていった。彼女がそれまでの自分とはまったく違う関心に拓かれ、イメージを具現化していく仕事に取り組めるようになるためには、日常とは次元の違うこもりの時期を過ごすことが必要であったのだと痛感する。

三　ひきこもりとインターネット

「自宅警備員」という言葉を聞かれたことがあるだろうか。これは、ひきこもりの人たちが自分の立場を揶揄して言うときによく使われる言葉である。どうやらネットのなかには、この「自宅警備員」が大勢いるらしい。これはある男性クライエントから聞いた用語なのだが、他のクライエントと話しているときにも、「いや〜、自宅警備員をフルタイムでするようになったらおしまいですね。まだ僕は、こうやってカウンセリングとかで外の人とも話をするから、パートタイム自宅警備員ですけどね」といった調子で語られることがあることから、かなりひきこもり業界（特にネットに常時つながっている人たち）では有名な言葉のようだ。筆者が関わっているひきこもり事例では、前述のA子のほか数名以外は、全員、ネットが最も重要なツールになっていて、日常的にネットを利用しているので、このような話題が出てきやすい。

しかし斎藤環[8]は「ひきこもり事例で日常的にインターネットを利用しているケースは、圧倒的に少数派である」としている。さらに斎藤は、ひきこもり＝ネット漬けというイメージは、ネットさえあれば日常生活のほとんどをカバーできるため、ネットがひきこもりを助長させているに違いないという素朴な印象論でしかないとしている。ひきこもり青年たちは何もせず、終日ベッドに横たわり、無為のまま座して一日をすごし、彼らの基本的感情は、抑うつ・不安・焦燥・空虚感などであり、これらの気分は『退屈さ』とはほとんど水と油の関係と言ってよいが、彼らは仮想現実に逃避しないとしている。これは、斎藤が主として精神科に受診してくるひきこもり事例と関わっているからであろう。今まで筆者が関わった重篤なひきこもり事例の印象ともそれは一致するが、非臨床群と言っていいような、ひきこもっていることを悩んでいない人たちにとっては、ネットは重要なツールになっているのを感じる。

また斎藤は、ひきこもり青年が仮想現実に逃避しない理由として、彼ら自身が誰よりも「仮想性」や「虚構性」を軽蔑していることを挙げている。バーチャルであること(≒リアルでないこと)をひきこもり青年たちは嫌悪しており、現実を生きることをなによりも重要視し、彼らは「現実でなければ意味がない」「現実のみを生きなければならない」と自分を駆り立てているように見えるとしている。

先に挙げた、自分のことを「自宅警備員」と言うようなクライエントからも、「自分は『リア充』じゃないから」という言葉がよく出てくる。リア充とは、「リアル(現実生活)が充実している」ということであり、どんなにネットのなかで人気ものになっていたとしても、「リア充」ではないという意識をもつことが、ひきこもり生活を変えるきっかけになるクライエントもいる。では、そのことについて事例から考えてみよう。

Cは一九歳で専門学校を中退してからは、アルバイトもせずにずっと自宅で過ごしている二五歳の青年である。彼はニコニコ動画(以下、ニコ動と略す)に、起きている間はほぼずっとアクセスし続けている。彼は自分がゲームをしながらそのゲームに解説をつけた動画をニコ動にアップロードしているのだが、それがかなりのアクセス数をもっているという。そして、そこで知り合ったネット仲間(当然、ネットだけの関係であり、会ったことなどはない)を引き連れて「貸部屋」というニコ動の別の場所で、自分が主になってゲーム解説の番組を実況し、仲間同士でコメントし合っているのだという。そして、その時が何よりも楽しいと言っていた。しかし、そのような話を一年以上語るうちに、「仲間の他のやつらは、みんな学校に行っていたり、仕事していたりするから、出てくる時間がだいたい夜の八時から一二時までの間になる。そいつらとネットで関わるのが一番、楽しい。昼間とか夜中とかずっと出てるヤツは、みんな自宅警備員で、リア充じゃない。リア充じゃない奴らとつるんでも、何かつまらない。自分もリア充じゃないのが何だかみじめで……」と言い出した。

これは、治療場面に通ってきて、リアルな場所でリアルな相手（治療者）にネットの世界の話をし続けたことと無関係ではないと思う。筆者もニコ動などが嫌いではないので、かなりがっつりコミットして話を聴けたのだが、そのことが逆にCにとっては、リア充でありながらニコ動を楽しむ、リアルな人間と出会った体験となったようだった。Cに限らず、ネットの世界にしか人間関係がない彼らは、リアルな人間関係のなかで、ネットの話をする機会など他ではほとんどもっていない。そのため、ネットの話を面接場面でしながら「ネットのことをリアルで話すって不思議な感じがする」という違和感を語るクライエントも多い。この違和感こそがネットだけの世界から変化が生まれるきっかけになる。

Cは、「リア充で、そのうえでニコ動を楽しめてるのが一番、ネットを楽しめるのかもしれない。自分には元になるリア充がない」と、多分、今まで多くの人たちが彼に対して言っていたであろう苦言を自分から言いだし、それまで必要がないと言ってとろうとしなかった自動車免許の取得へと動いたのである。そして「車校（自動車学校のこと）入学のため、しばらく消えます」とネットの友人たちには連絡したのだという。自動車学校に通いながらネットをするなどという、ふつうの人ならバランスをとっていくらでもできそうなことが、このような人たちには出来にくく、「現実をするとなったら、現実のみ」という、依存を絶つときのような極端な方法をとることが多いように思う。

余談になるが、交通網が発達していない地方でのひきこもりの社会化の一歩は、自動車学校への入学という形で示されることが多い。アルバイトに行くにしても友人と会うにしても、車が運転できなければ行動半径が広がらないという生活環境を不便と感じるところから、外への回路が生まれるのである。そろそろ気持ちが動き始めているなと感じたときに、「車はいいよ。ひとりで籠もっていろんな場所に行けるから、籠もってる部屋ごと移動できる感じだよ」と、適応的なひきこもりの手段のひとつとして提示すると、それが免許取得へ向かう最後のひと押しになるときもある。

さてCは、来談当時、意識的にはネットの世界で充分満足していたはずなのに、いくら周囲から強く勧められたとはいえ、相談室に継続的に通うこと自体、ひきこもっていることの苦しさやうしろめたさがベースにあったのだと思う。しかし、このように治療ベースに乗ってくれる人自体、ひきこもりの全体数からみればかなりの少数派だと思うし、一回来談したとしても、やはり継続して通うことができずに中断に至るケースも多い。それでも、なかにはこのような変化が起こる可能性も確かにあるのである。

四　ネットとリアル

ネットとひきこもりの問題に引き続き取り組むにあたって、ひきこもりを変化の途上の「死」の状態と考える視点から少し考えてみよう。

「変化する」ということは、それまでの状態が象徴的な意味で「死」を迎えるということである。成長や進歩といった変化の裏にも、必ずどこかに「死」のイメージは存在している。特に思春期は、心身ともに大きな変化のときなので、表面に見えている適応がどうであろうとも、変化の裏側にある「死」のイメージがとても色濃くなっていると言えるだろう。この「死」のイメージ体験を、ひきこもりという社会的な死として体験せざるを得なくなっている人たちが、ひきこもりの中核群に位置する人たちだろう。引き延ばされ、終わらない思春期の「死」の世界が、実年齢とは関係なく、ひきこもりの裏側には布置されているように感じる。

ところでファンタジーなどの「異界もの」の主人公は、超越的な世界からもたらされた説得力のある存在理由をもっている。この世の因果を超えたところにその存在理由があるのだ。この、超越的な世界との接点に自分自身の存在理由があるという設定が、どこかで自分が迷い込んでいる思春期の迷宮での模索プロセスとシンクロするとき、そのような設定の物語に深くコミットすることになるのだろう。

本来、超越的な世界は、イメージを通じてつながるものであるが、それが最近は、さほどイメージの力を必要としなくても、ネットという異次元では手軽に手に入るようになってしまった。それはまったく「超越」とは言えないものであるが、現実とは違った世界という意味で、思春期心性の強い人たちの心を強烈に惹きつける。

先ほどのクライエントCの「リア充」を希求する話とは、正反対のようだが、最近の思春期や青年期の人たちと会っていると、ネットのなかでの体験と実際のリアルな現実の体験との間に、まったく境界を感じていない人が（ひきこもっていない）一般の思春期の子のなかに増えているのを感じる。性別も年齢もすべて相手の自己申告を信じるしかないネットでの友人と、学校での友人の比重がまったく同じなのである。会話によく出てくるラブラブの恋人が、実はネットでの恋人で、実際には会ったことも声を聞いたこともない、などということもしょっちゅうだ。そして実際に出会う機会が訪れると、そのまますぐに性的な関係へと発展してしまうことも多い。

日本では、異類であるカッパや馬や鶴などと、ごく自然に交わる昔話がある。そして異類と深く関わる当事者自身は、そのことに違和感はない。しかし共同体からはその結びつきは決して歓迎されていない様子が物語の展開からうかがえる。一生会うことがなくてもネットでの恋人のことしか考えられない（それがアニメのキャラのこともある）というような言葉を面接室で聞くたびに、これが現代の異類婚か……という思いがよぎる。そしてそういう結びつき方は、家族など周囲の人たちからは、当然、歓迎されるものではない。

でも、アニメキャラでは無理だが、ネットで知り合った人と実際に会って交際する方向で努力をすればいいのではないかと思われるかもしれない。実際そういう人も多いのは確かである。しかし、ネットで知り合った人と現実的に恋人関係になることを目的にするのを「直結」と言い、それはまるで「出会い系」だと否定的に見られることもある。つまり、ネットの世界の恋愛（「ネット異類婚」としておこう）に意味を感じている人は、リアルの充実のために、ネットでの出会いを利用するという発想がない。ネットで築いた関係をリアルに「直結」させようとする動きは（さまざまな問題がそこで生じるにしても）、リアル重視のふつうの在り方なのである。ネット異類婚は、完全なプライベートの趣味のサークルに恋人がいるようなもの（だから、何も職場や学校で恋人を求めない）、といった、場所の違い程度の感覚で行われていて、リアル重視の視点で見ていると、非常に戸惑う。

臨床場面では、このような感覚をもっている若者も実際にいるのだということを意識したうえで、リアルな人間としてそこにいるクライエントと会い続けていき、ネットの話題などを具体的に語ってもらうことが、ネットの世界と現実のリアルな世界の境界をはっきりさせることになる。

前述のクライエントCが、ネットのなかでの自分の活躍ぶりを一生懸命語り、それに治療者が深く共感したことが、逆にネットから離れる動きを後押しすることになったのも、同じことだと思う。ネットのなかでの自分自身の輪郭が、実際にリアルな場で話をするなかでくっきりとしてくる。そしてそのことによって、逆にリアルな現実の自分の輪郭も見えてくる。そうすると、リア充ではないということに対して、冷笑的な感覚で自分を揶揄するのとは違う視点で、そこに問題を感じる意識も初めて生じてくるのである。

ネットとリアルの境界が曖昧なままだと、徐々に自分が生きているというリアリティを感じることができなくなり、年数が経つにつれ、徐々に抑うつ的になっていく印象が強い。思春期の一時期、異界と日常が混じり合うような期間を過ごすのと同じように、その時期に限定してネットとリアルの境界が曖昧になるのは仕方がないが、それが慢性化すると、かなり深刻な状況になると思う。

斎藤[9]は、バーチャル空間にリアリティを見いだしうるとすれば、そこに何らかの方法で他者性が供給され続けているからであり、「現実」空間をリアルなものと理解することができるのは、私たちが仮想空間の経験を多数もっているからであるとしている。リアリティとは、「現実」と「仮想」のフレームが切り替わる瞬間に宿る感覚のことであるため、仮想空間に逃げ込むことができないひきこもり青年たちは「現実」を「現実」として感じることができないとしている。現実にも仮想にも、リアリティを見いだし得ない苦痛こそが、彼らの「問題」なのであると斎藤は考えている。

ネットとリアルの境界が曖昧な状態が慢性化してしまうと深刻な状況になるのではないかと懸念するのは、この斎藤の指摘する部分と重なる。「ネット（仮想）」と「リアル（現実）」のフレームが慢性的に切り替わらなくなって地続きになってしまうと、リアリティをどこにも感じられなくなり、離人感ベースの不安、焦燥感が強まるように思う。実際、そのようなクライエントもおり、Cのように現実に動き出すきっかけを活かすことができればいいのだが、そうできないと砂を噛むような生き地獄がその先には待っているのを感じる。外から見ると、同じようにネットにはまっているように見えても、その内実は、天と地ほどに違うこともあるのだ。

五　現代の学校での対人恐怖のありよう

　さて、では最近の学校現場の様子を紹介しながら、ひきこもりに至るまでのところで、その人たちがどのような人間関係で育っているのかについて考えていきたい。

　河合が前章で、対人恐怖症の減少について述べていたが、確かにその実感はある。しかし見方を変えると、同じ心性が別の形で表現されているようにも思われる。ではそのことをまず学校の様子から検討してみよう。

　社会学者の土井隆義によると、最近は人間関係の規制緩和が進んでいるらしい(10)。これはどういうことかというと、つきあいたい人とだけつきあえばいいという感覚が広まってきているということである。

　以前は、同じクラスだからとか、同じ部活だからというくくりは人間関係をつくっていくうえでとても大事な動かしがたいものだった。また同じ部活をしている同学年同士であれば、嫌でも協力しあわねばならず、重要な連絡は全員に確実に回すというのは、疑いの余地もないことだった。それが同じクラス、同じ部活に所属しているときの、そこでの人間関係の規制であった。つまり、そこに所属することイコールその「場」での人間関係のなかに入っていることという素朴な信頼感があったのである。もちろん、その人間関係に縛られて、つきあいたくない人たちともつきあわねばならぬという苦痛も同時に存在していた。そしてさまざまなケンカや表だっての対立なども起こることがあったが、最終的にはそこに所属しているし、役割もあるし……というので、徹底的に人間関係が壊れてしまう危険は回避できていたと言えるだろう。

　昔は勉強ができる子が苦手な子に勉強を教えてあげるというのは、クラスのなかの役割として自然にあった。ところが今、先生が優等生に頼んだりすると、「それが負担になって学校に行きたくなくなった」などということが起こってくることがある。また、不登校の子の家へプリントを届けるというのも、その家の近所のクラスメイトに頼むのは自然なことだったが、「毎回、家に届けるのはきつい」と、負担に思う子が増えてきたので、めったなことで頼めないという声をよく聞く。なぜ、そんなことになってきているのだろう。

それは、勉強を教えることも、プリントを届けることも、「クラスの成員としての役割で」しているのではなく、「その子自身がやりたいからやってる」こととして「見られて」しまうと本人が感じているからである。クラスメイトとして当然の親切でしているのではなく、個人的に関心があり、親しくしたいと思っているから親切にしている、とクラスメイトから思われているのではないかと感じるのだ。それはつまりその本人も、他人が同じことをしていたら「やりたいからやってる」と思って見ているということだ。そして個人的な関心がないのにその役割をさせられると、自分の気持ちと周囲の見方とのギャップに耐えられなくなってしまう子もいるのである。

最近は、中学、高校にもなると、学年の終わりにはクラス全員の名前と顔が一致しているのは当たり前だろうという前提は崩れてきている。「同じクラスだけど、他人」とか、「同じクラスの人だけど、名前を知らない」「多分、同じクラスだと思うけど、はっきりしない」などという発言からも、同じクラスであれば人間関係が生じるとは言えなくなっているのがわかる。だから、親しい友だちがクラスに存在していなければ教室に入りにくいということも起こってくる。親しい友だちがいようといまいと、クラスの成員なのだから教室に入るのは当たり前という前提が無くなってきているのである。

学校のなかでの自分の場所が、クラスのなかの自分の席としてしっかりと決められていると、そのことに縛られる感覚がきついために、相談室や保健室といった別の居場所が必要になる子もいる。そういう子にとっては、クラスの一体感を強調されたりするような人間関係の規制がきついクラスはとても居心地が悪いのだと思う。ところが一方で、自分のクラスのなかの自分の席というのが移動教室の多さなどであやふやになったり、ここがあなたの場所だから、あなたはここにいるのは当然だというような規制が曖昧になっているために苦しくなっている子もいる。

これは、学校によって事情は違うとは思うが、最近は休憩時間などに他のクラスに入ることをまったく禁じていない学校が増えてきている。以前は、他のクラスに勝手に入ってそこで誰かとしゃべるなどということは禁止されており、教室の前で用事のある人を呼んで、廊下という中間領域で話すというのが当たり前だった。好き嫌いはともかく、自分のクラスの自分の席が自分の場所だという感覚があったからこそ、他のクラスに安易に入るのには抵抗があったのである。他のクラスに入ると何だか人の家に勝手に入ってしまったような違和感や緊張感が子どもたちにもあったように思う。ところが、今は自分のクラス、自分の机という感覚が希薄になってきているために、そのような違和感や緊張感を抱くことも少なくなってきている。つまり、自分の机、自分の教室という外的な定点がもちにくくなっていることが、そのまま自分自身の定点の定まりにくさにつながっている子も増えてきているということである。

自分がつきあいたいと思う人とだけつきあえばいいというのは、友だちを選ぶことができるという自由を手に入れたということである。しかし反面、ただそこに所属しているだけで自然に人間関係ができるというわけにはいかないという状況も生まれてしまったと言えるだろう。みんな自己責任で人間関係をつくらなければならなくなってきたのである。これは、すごいストレスである。つきあう相手を自由に選ぶことができるというのは、つまり、ひとりでいるのは誰からも選ばれていないということになってしまうのだ。そして、ひとりでいる自分のことを人は「誰からも選ばれていない人」と見ているのだと思うと、それは何よりも耐え難いことである。今の子どもたちを消耗させている人間関係のストレスは、このような背景をもっている。

そのため、ひとりでいるところを見られたくないというのも、よく話に出てくる。たとえ友だちがいたとしても、その友だちとたまたま離れていてひとりでいるところを他者に見られたら、あの人は孤独な人だと周囲の人たちから思われてしまうのが怖いのである。

大学生に話を聴いても、大教室でひとりで授業を受けている人がいると、「あの人は、誰も一緒に授業を受けてくれないんだね」などと話題にのぼることがあるという。その裏には、私たちは、一緒に授業を受けてくれている人がいるから安心だねという確認があるのだろう。そういうことを言われることがあるとわかっているから、一般教養とか専門科目でも多数講義のものなどは、一緒に講義をとってくれる人がいないとその科目をとるのが怖いというような大学生もいる。また、「次の講義に一緒に出てくれる人がひとりもいなかったから、もう出席がやばいけど、講義に出られない、だからその単位は諦めるしかないかと思うと苦しくてたまらない」という男子学生もいる。ひとりで講義くらい出ろよと言いたくなるが、学生本人にとっては非常に切羽詰まった感覚なのだと思う。

昨今、ひとりでご飯を食べているところを見られたくないからトイレで食べる「便所飯」のことが話題になっている。これも、たとえ仲の良い友だちがいたとしても、たまたまその人と一緒にいないのを他者に見られるのはしのびないという心理から、トイレの個室にこもるのだろう。

このように、周囲の、特に親しくもなければ、遠くもないという中間的な立場の人たちから、あの人は孤独な人ではないという視線での「承認」を絶えず必要としているのである。ここに、新しい形での対人恐怖のありようを感じるのである。

最近の若者が、対人関係の緊張場面や葛藤からすぐに逃避して、ひきこもる方向に走ってしまう背景には、このようなことがあるのではないだろうか。周囲の人たちとの間に存在するはずの共同体の感覚がもともと無いか、薄くなっているため、個人レベルで受け入れられるか受け入れられないかという問題が過酷なまでクローズアップされてしまうことがある。そして、一瞬のうちに周囲からの視線で、受け入れられている人かどうかを査定されているということに対して、非常に敏感になっている人が増えている。こんな部分に莫大なエネルギーを投入するのに疲れ果てた挙げ句に、ひきこもってしまう人もかなりいるように思う。

六 「老」―「若」軸の問題と「片子」

では、最後にひきこもりの問題を、もう少し別の視点から考えてみよう。

河合が『生と死の接点』のなかでイニシエートされない人のことについて述べている部分がある。(11) 能力は高いのに、無為と過活動をくり返し、何かひとつのことをやり遂げることができない青年の例を出し、その青年には「永遠の少年」の元型が作用していると考えられるのではないかとしている。「永遠の少年」を生きている人はいつまでたっても大人にはなれないから、だから、労働の義務を果たそうとは思わないのだ。それと同時に、このような人たちはユングの言う人生後半の課題をどこかで意識しているから、実生活上で大切とされる仕事や、社会的認知の確立といった人生前半の課題に取り組むことができないのである。この本が書かれた一九八〇年代にも「無気力学生」のことが重大な問題になっていたようだが、それが今のひきこもりの問題に脈々とつながってきている。

そして同書の錬金術の「賢者の薔薇園」と廓庵禅師による「十牛図」について論じてある場所を読んだとき、ひきこもりの問題について、この視点からも考えてみることが必要なのだと感じた。それは「老―若」の軸について書かれていた箇所である。簡単に述べると、自我が成立する前の状態を少年の姿として考えたとき、その少年の姿を父―息子の軸によってみるか、老―若の軸によってみるかによって決定的な差があるというのである。

「父—息子の軸による場合、これは欧米型の自我の成長があり、その軸上に母親殺しが展開する。老—若の軸には母親殺しは無い」とある。また「老の意識は青年の意識ほどに、ものごとを明確にとらえることはできない。力も弱い。進歩とも無縁」である。しかし老の意識は、「生と死、有と無、という両立しがたいものをまとめあげている。そこでは、自我さえも漠然とした境界によって、他と共に全体性にくみこまれている」という特徴をもっている。これは先ほど触れた、人生後半の課題につながるものだろう。

隠居後の老人のような生活をしていることに何の退屈も疑問も感じていない若者たちは、この老—若軸に支配されているのではないだろうか。日本の若者の深層では、前に向かって進歩をするための母親殺しのイメージが動くよりも、円環的な充足性のなかに留まる傾向が強いようだ。そこに留まっている以上は葛藤を抱くこともなく、昔の「家事手伝い」の女性の立ち位置と同じように「自宅警備員」として生きていくことに、悩まないひとも出てくる。そうすると補償的にそのような若者に関わる人間の葛藤が深くなり、「実際的で役に立つ」とか「有用である」ことを強く求められてしまうことになるのだろう。また逆から見ると、「有用であること」があまりに求められる世の中だから、補償的にあのような若者たちも増えてきているのだろうと、「こもりと夢」のなかでも河合が語っていたことを改めて強く感じる。

また文頭でも述べたが、モンスターペアレントというような大仰な名づけ方に代表されるように、すべての出来事を過剰に学校の責任にして、自分で問題を引き受けることから徹底的に逃げる、未成熟で暴力的な親の存在がクローズアップされている。実際、現場でも、最も火急の問題はそのような親の対応である場合も多い。この問題に関しても、すでに二〇年前に著者は、鋭く予見している。考えてみると二〇年前の若者が、今、そのような外罰的で攻撃的な親になっているのだ。円環的な充足性のなかに留まっていた「老—若軸」の円環から西洋的な自我の確立を目指して踏みだし、何とか仕事に就き、結婚して親になった若者のなかに潜んでいた問題が表面化したものとして、このモンスターペアレントのことを考えることもできるのではないだろうか。

七　おわりに

『昔話と日本人の心』[12]のなかで、河合は「鬼の子小綱」を取り上げ、その類話のなかにある鬼と人間の間にできた「片子」という半鬼半人の問題について触れている。この「片子」の話は、人間の女性が鬼にさらわれ、そこで半鬼半人の片子を産むが、人間界に帰りたいと願う母親の意を汲んで、片子は鬼の世界から、もとの母親の世界である人間界に母とともに帰ることができるように努力する。片子の活躍のおかげでせっかく帰ることができたのに、結局は人間の世界では誰も片子の相手をしてくれず、「居づらく」て自殺をしてしまうという、凄まじい話である。自殺に至るまでの類話では、「自分は人間が食いたくなって困るので、殺して欲しい」と祖父に頼むが聞き入れられず、片子が自殺するしかなくなるというものもあるらしい。

河合は、日本における農耕民族的父親のあり方に対し、牧畜民型の父性の顕現として「鬼」を考え、それが日本に「片子」という形で入ろうとしたときに起こってくる強い排除の力について深い考察を重ね、本当に日本人がこれから創造していかなくてはならない父性との関係について述べている。

社会に出て行って働く意欲がまったくない若者たちの様子も、そしてモンスターと呼ばれ、まさに鬼として扱われている外罰的な親たちのことも、この「片子」の問題を通して改めてとらえ直すことができるのではないだろうか。社会のなかに「居づらく」てひきこもっている青年も、「人が食いたくなって困る」ほどに、自分の攻撃性に歯止めがきかなくなっているモンスターペアレントも、「片子」なのである。このような問題を抱えている人を誰もが相手にせず、居づらさを感じさせて「排除」してしまうと、それは「片子」を見殺しにすることになってしまう。

現実的な対応に心を砕きながらも、どこまでも心理学的な視点をもって内向し、「片子」を見殺しにせず、このイメージを深めていくことが、現代のさまざまな問題に取り組むための熱源になると感じている。

第七章　ひきこもり考
――三氏（ジーレンジガー・北山・河合）の議論へのコメント

嘉志摩佳久

ひきこもりというのは、優れて日本的な精神病理だと言われている。マイケル・ジーレンジガー氏のアメリカ人ジャーナリストとしてのひきこもりに関する研究に、河合俊雄先生と北山忍先生という日本人心理の世界的な権威が精神分析と文化心理学という異なった観点から貴重な分析を行った。ここでは、オーストラリア在住の日本人社会心理学者の視点から、アメリカと日本に、ともにある程度の距離をおいて、コメントしよう。

ここでは、分析のための縦糸と横糸をより合わせながら話をしてみよう。分析の縦糸は、人類史という視点である。人類は、生物として、種として成立し、歴史以前の時代を通って、さらに歴史の時代に入り、読み書きを始め、思考し、哲学を始め、さまざまな生活を送ってきた。そういった人類すべての営みとしての歴史である。そうした大きな歴史の流れの中で見てみると、ひきこもりという非常に文化特殊的に見える病理現象を、どのように見ることができるのか。

もう一つの分析の横糸は、病理を時代の暗喩〔メタファー〕としてとらえる、スーザン・ソンタグというアメリカの哲学者の視点である。ソンタグは“Illness as Metaphor”という小論で、自分自身のがんとの闘病生活の間に考えを書き著した。(1) スーザン・ソンタグは結核とがん、その後しばらくしてエイズに関して論考を進めた。ソンタグによれば、結核、がん、エイズなどは、時代を画し、時代を表象し、代表するような病であり、時代のメタファーとして、それぞれの時代特有の社会の有様を理解、咀嚼するために使われるのであるという。

ソンタグの分析によれば、ある文化の特定の時代と病気との間にメタフォリカルな関係があるという。たとえば、結核は、ウェーバーが言っていたプロテスタンティズムの非常に禁欲的な前期資本主義的な時代に非常にピッタリあてはまる病気だという。癌というのは後期資本主義のコンシューマリズム、消費時代にピッタリあてはまった病気。だとすれば、ひきこもりというのは、河合先生が分析されたように、ある意味で近代を通り越して、後近代、ポストモダンに行き着いてしまった、日本の一時代を画するメタファーとして考えられるのではないか。

このような意味合いで、人類史を縦糸、時代のメタファーとしての病理という考え方を横糸として考察を進めてみよう。

まず、ひきこもりを日本という国家、又は文化のメタファーとして考えてみようというジーレンジガー氏の興味深い分析から論考を進めよう。氏によれば、日本という国自体がいま国際社会からひきこもっているのではないか、それと同じように、個人としての日本人もひきこもりという社会からの逃避をする病理が起こっているのではないかという。

では、国家と個人の間に何か暗喩的な関係があるのか。最近の政治学関係の文献によると、個人と国家をメタファーとして似たようなものとして考えることができるのではないかという考え方がある。たとえば、近代国家という社会的制度は、ひとつの民族が主権をもった意思決定の主体として存在しているという考え方である。民族自決であれ、国家主権であれ、国家という一つの社会的な単位が、独立した、自由な意思決定をするものだという思想と言えよう。これに対して、個人というのも独立した、自由な意思決定をする主体だという、いわゆる個人主義の考え方もある。一人の人間にせよ、一つの国家にせよ、どちらも独立した、自由な意思決定をする主体であるという考え方が、両方に共通していると言えよう。この場合、国家を考えるのに個人をメタファーとして考えていると言えるかもしれないが、その両方に共鳴する共通項が存在している。

このようにして、国家と個人は、一方がもう一方のメタファーとしての役割を果たすのだとすれば、国家像が個人像に投影されるか、個人像が国家像に投影されることになるだろう。一般的に、メタファーというのは、あるものを別なものに置き換える認知的な働きをするからである。それではひきこもりの場合、国家の病理が個人の病理に投影されるのだろうか、それとも個人の病理が国家の病理に投影されてしまうのだろうか。どちらがどちらに投影されるにせよ、その二つの関係を社会心理学的に考察しようというのが北山先生の分析、それを歴史の中で精神分析学的に考察しようというのが河合先生のアプローチと言えよう。

まず、縦糸としての人類史の中で人間の変化というものを考えてみよう。よく知られている社会科学系の考え方で、過去二〇〇年から三〇〇年の人類史というのは、一種の進化論的に理解できるという社会変容のモデルがある。これによると、かつては比較的小さな自給自足の共同体、又はコミュニティーがもともと存在していたのだが、科学技術の進歩と産業化に伴って、共同体が壊れることによって近代社会が成立したという。その近代社会がさらに変化し、現在ポストモダン〔後近代〕に移行しつつあるというのである。さまざまな議論があるところだが、一面の真理をとらえていると言えよう。

常に変容していく人類史のなかで、それぞれの時代に常に存在するのが人間の関係性だろう。人間というのは基本的に社会的な動物だから、人間なしには生存できない。しかし、人間関係には常に良い側面も悪い側面もある。他の人たちは、自分を助けてくれるかもしれないが、自分を攻撃するかもしれない、あるいは非常にバカにするかもしれない。要するに人間関係というのは良くも、悪くもありうる。しかし、人間は人間関係無しではいられない。

では、そうした人間関係をどのように取り扱うかというのが、時代によって、変わらざるを得なくなってくる。ところが、歴史が一つの時代からもう一つの時代に変わっていくときに必ず起きてくる問題は、変化である。今までと同じように人付き合いをしていたのでは、うまくゆかないことが起きてくる。この変化をどう取り扱うか。北山先生の分析のように、自動的な心理過程と意図的な心理過程をいかにして取り扱いながら変化に対応するか、という問題に尽きるのではないだろうか。

この観点から日本の近代史を簡単に通観してみよう。日本でも共同体が前近代から近代に変わっていくときに、さまざまな問題が起こった。日本は、黒船以来、明治以降、歴史の変化をどう取り扱うかということで非常に苦労した国だと言えよう。おそらくこうした歴史的な経験をしているのは日本だけではない。韓国しかり、中国しかり、ほとんどすべてのヨーロッパ諸国以外の国が(あるいはイギリス以外のすべての国と言えるかもしれないが)、その変化を乗り切ることを強要されたと言える。こうした一九世紀末以来の近代化という時代の流れの終わりが近づいているのだろうか。

では、来る新しい時代を何と呼ぶか。ポストモダンと呼ぶか、あるいは他により適当な呼び方があるのかもしれない。ともかく、我々はこの新しい時代に入っていく戸口に立っているのではないか。一体どうやってこの変化を乗り切るのか。今までの自動制御ではやれない。我々人類は今の世界を観察、分析して、良かれ悪しかれある程度考えることができる、それに基づいて、意図的な自己制御を模索する。それでその自動制御と意図的な自己制御の間に乖離が起こっているらしい。それが北山先生の分析の主旨であろう。

特に日本の場合には、ある意味では前近代的な共同体から、近代社会、さらにそれ以降のポストモダンの社会への歴史的な変化を非常に早く乗り切らなければならなかったので、河合先生も言及されたように、いろいろな形で意図的な、哲学的なものを取り入れながらやっていかざるを得なかった。かくして意図的な制御をやっていくことによって、何とかなるのかと思っていたら、どうやら自動的な部分がついてこなかった。

日本における自動的な心理制御と、意図的な心理制御の乖離について考えるときに有益なのが、自己観に関する考察である。河合先生のおっしゃるとおり、自己というのは「他の人とは違う」という否定的な規定をすることができる。しかし、それと同時に、自己というのは、ある目的なり目標なりを目指して行動していくエージェント、主体であるという肯定的な規定をすることもできる。どちらも西欧の文化の産物であるといわれる個人主義的な自己概念の二側面と言えよう。

日本の場合、近代化の変化の中で、西欧の哲学、考え方を摂取していく過程で、主体としての自己という肯定的な個人主義の部分が取り入れられずに、人間関係の否定という否定的な個人主義の部分がかなり中心的に取り入れられてしまったのではないだろうか。少なくともそれが一つの葛藤のもとなのではないか。夏目漱石の葛藤について河合先生が言及されたが、漱石もそのような葛藤を内包していたように思われる。これに関して、甘え理論で有名な土居健郎先生が昔されていた夏目漱石の研究を紐解いてみるとおもしろいかもしれない。更に、日本の第二次大戦敗戦後の文化政策、「封建的」とされた部分の日本文化の排斥、というのも重要な役割を果たしたのではないだろうか。

最後に焦点を当てたいのは、ひきこもりをプロセスとして考えたらどうかという河合先生の提言である。ひきこもりをその時代の流れの中のプロセスとして考えてみたら、いったいどういう視点が出てくるのか。しかも人類史の中での一コマとして考えたらどういうふうに見えてくるのか。特に歴史の変わり目の中での一コマとして考えたらどう見えてくるのか。

今、人類は非常に大きな問題を抱えているのではないだろうか。ジーレンジガー氏の母国であるアメリカにもさまざまな社会問題があり、ジーレンジガー氏の本の中でも言及されているが、特に興味深い社会問題の一つに、さまざまな高校、大学で起こっているスクール・シューティング（学校内での銃乱射）がある。この事例は、特にアメリカで多いようであるが、オーストラリアではあまり問題になっていないようだ。

スクール・シューティングとひきこもりとは、もしかすると、歴史の変革と似たような関係をもっているのではないだろうか。ひきこもりが日本の問題をメタファーとして表しているのだとしたら、アメリカという文化、社会が、この歴史の変化の中で直面している問題を、ある意味でメタフォリカルに表しているものなのが、スクール・シューティングではないか。これを一つ、仮説として提起したい。

簡単に言ってしまえば、ひきこもりもスクール・シューティングも、社会からの締め出しが一つの大きな引き金になって起こっているのではないだろうか。アメリカでは、社会から孤立あるいは締め出されたり、村八分にされるという経験をすると、そのうちの一部の被害者は、社会全体に対して「おまえらが悪い」というような形で、むしろ攻撃的に反応する。しかし、日本では社会に対して攻撃的に出るのではなく、社会から引いてしまうのではないだろうか。ところが、攻撃性はむしろ社会の代替物としての親とか、近親者に対して出てくるのではないか。ひきこもりについてはまったくの臆測であるが、アメリカのスクール・シューティングについては、社会心理学的な研究(2)がある。それによると、ほとんどすべてのスクール・シューティングの加害者は、社会的に疎外される経験をしていたといわれる。

ひきこもりというものを日本という文化社会の一つのメタファーとしてとらえ、大きな人類史的な流れの中で、新しい日本の生みの苦しみ、あるいは新しい時代への胎動の一部として考えたならば新しい視点が見いだされるかもしれない。

おわりに――こころの自己矛盾とつなぐもの

本書はシンポジウムを元にしつつ、ひきこもりについて社会心理学と臨床心理学という二つの異なる立場と方法論から検討したものになっている。個々の論考もなかなかユニークなものなので、それぞれについてコメントするのも意味があるかもしれないが、ここではむしろ双方の立場から期せずして浮かび上がってきた共通した論点を取り上げてもう一度ひきこもりについて考察してみたい。

一　こころの変化と自己矛盾

同じ社会心理学者である嘉志摩が北山の議論を「自動制御と意図的な自己制御の間に乖離が起こっているらしい」とまとめているポイントは非常に重要であると思われる。さまざまな実験・調査を行ってみても、日本人のほうがアメリカ人よりも関係依存的であり、協調的な人間観をもっていることがわかる。それは日本人がものを認知する際にそのものだけを見るのではなくて、ものと他のものや背景などとの関係に着目したり、人の目があると動機づけが高まったりなどのように、北山が「自動的自己制御システム」という用語を用いているような、いわば無意識的で暗黙の構えが存在していると考えられるのである。これは従来から言われてきたような、日本人の自我がはっきりとしない、他者や場依存的であるなどという特徴に一致している。しかしそれにもかかわらず、明示的な自己判断を見てみると、日本人の学生のほうが欧米の学生よりも協調性や関係志向性が低くなるというのは非常に興味深い結果である。つまり北山の表現では、自動的自己制御においてはきわめて関係志向・依存的であるのに、意図的・明示的な指標では関係否定的であることになり、自己矛盾が起きている。臨床心理学的な表現を用いるなら、現代の日本人の無意識的な構えと意識的な態度との間にギャップがあることになる。このような自己矛盾があるために、ひきこもりをはじめとするさまざまな問題が日本社会において生じてきているのではないかと北山は推測している。

北山の自己矛盾の指摘は、日本人全般に対してのものである。それでは本書で問題にしているひきこもりの人、あるいはひきこもりのリスクの高いと考えられる人においてはどうなのであろうか。内田やノラサクンキットの調査において、日本人は失敗のフィードバックを与えると動機づけが通常強くなる傾向があるのに、ひきこもりになるリスクの高い人は、失敗のフィードバックを与えると課題を継続する動機づけが低くなり、成功のフィードバックを与えると動機づけが強くなるというように西洋人に近い特徴を示しているという。しかし西洋人とは異なって、自己の良い部分に着目したり、他人と協調したりということがない。ノラサクンキットが指摘しているように、日本人の特徴である相互協調性が低いけれども、必ずしも北米人のように相互独立性が高いというわけではないのである。まさに旧来の日本人のこころのあり方と変化してきている部分との矛盾がひきこもりのリスクが高い人において目立っていることがわかる。

このように文化心理学的・社会心理学的なマクロ的分析から導き出されたこころの中の自己矛盾は、臨床心理学の視点からするとどうなのであろうか。岩宮恵子が「現代の学校での対人恐怖のありよう」で述べていることは、同じような現象を裏側からとらえているように思われる。

筆者が指摘したように、日本人の典型的な神経症と言われた対人恐怖は激減している。しかし岩宮は、それが別の形で表現されているというのである。そもそも対人恐怖とは共同体との葛藤に基づいているものである。近所の人が自分の噂をしているように思ったり、クラスの人の視線が気になったりするのは、共同体に含まれている束縛から分離し、自立しようとするときに生じてくる葛藤に他ならず、噂や視線は生まれつつある自意識の外部への投影である。相互協調的な自己と相互独立的な自己との間の葛藤と呼んでもよいかもしれない。しかし岩宮は、そのような共同体の自明性が最近の学校ではなくなってきていることを指摘している。つまり休んでいる子どもにクラスの近所の子どもがプリントを届けるように頼むことができなくなってきていたり、頼むと負担に感じられたりするように、同じクラスであったり、班であったりする場合に何かを分担したり助けたりするのが当然であったのが当たり前でなくなってきているのである。これは共同体の感覚の喪失である。しかし共同体の喪失によって子どもたちは自立した個人になって、自己責任を引き受けるのではなくて、自己責任を拒否する、あるいは自己責任で人間関係をつくっているように見えることを拒否し、怖がる方向に進んでいるのである。まさに相互独立的な自己を新たにうち立てることをせずに、すでに弱くなってしまい、機能していない相互協調的な自己にしがみついているかのようである。これはまさに社会心理学的実験で、ひきこもりのリスクが高い人が相互協調的でないけれども、かといって相互独立性が高いわけではないというのに相応していると考えられる。ある種のこころの自己矛盾が露呈してきているのである。

このように異なる立場と方法論から共通の問題が認識されていることが明らかになってきたが、両者、特に北山の論点と岩宮のものとの間には少し違いがあるかもしれない。というのはやや強引なタイプ分けをすると、北山の指摘しているのは、相互協調的な構えがベースにあるのに、相互独立的なあり方を希求するあり方で、それは従来の対人恐怖の人にも当てはまる。それに対して岩宮が取り上げているのは、相互協調的な自明性がなくなっているのに、それを希求し、相互独立的なあり方を拒否するあり方である。このあたりも、もう少し調査としてとらえられればおもしろいかもしれない。内田とノラサクンキットの調査も、そのあたりに迫っていると考えられ、従来のような一般的な調査でない研究のメリットが感じられるのである。

二　狭い自己意識と世界

北山は個人主義と日本の「コジンシュギ」を区別して、日本では元々ある関係を断ち切って個を作らざるを得ないことを指摘している。それは必然的に狭い個人や自己意識になってしまう。

同じように岩宮が取り上げている一人になる恐怖においても、ますます狭い人間関係中での個人レベルでの承認を求めているのが興味深い。そして一緒に講義に出てくれる人がいないと、孤独だと思われるのが怖くて講義に出られない学生がいるのと同じように、個人レベルでの承認を得られなかったり、得ることに消耗したりした人は、ひきこもってしまうリスクがあるのではないかと推測している。

このように考えていくと、ひきこもりの人が出てくる背景には、日本人の生きている世界が心理学的に非常に狭くなり、したがって自己意識が狭くなっていることが関係しているのではないだろうか。木村敏に、ドイツと日本のうつ病を比較した精神病理的な文化論がある。それによるとうつ病が自分を責めてしまうという罪悪感を中心にしているところは変わらないものの、ドイツのうつ病における罪悪感は神に対するものであるのに対して、日本でのうつ病の罪悪感は「世間」に対してのものであるのが異なるという。興味深い違いであるけれども、両方とも、神や世間というある種の抽象的で普遍的なレベルの他者に対して罪悪感を抱き、そこから自己感が生まれてくるところでは共通していると考えられる。それに対して現代の日本における他者というのはどうであろうか。そもそも今世紀に入って、「明るいうつ病」などと言われるように、罪悪感があまり前面に出ていないうつ病が多くなっているところも興味深いことであるけれども、[1]他者は以前のような超越性をなくしているのは間違いないと思われる。岩宮が『フツーの子の思春期』[2]で指摘しているように、自分の親しいグループの子には異常なまでの細かい気遣いを見せるものの、それ以外のクラスメイトに対してはまったく気に掛けないというあり方が広まっているようである。対人恐怖に見られるように、日本人の自意識は共同体の中での自分への視線によって成立していたけれども、それはもはや世間一般というような共同体への広がりをもったものではなくて、ごく少数の親しいグループからだけのものなのである。自分の世界は非常に狭い範囲に限られてしまっている。

同じようなことはネットについても言えると思われる。自分のＳＮＳ（ソーシャル・ネットワーク・サービス）など、狭い範囲で自分の場所が見つかると、そこから出て行って、他の世界にふれる必要がなくなる。もちろん「リア充」を求めて現実に出て行く必要もない。多くの人は狭い自分のサイトやＳＮＳで何が発言されているかのチェックに一生懸命になっているけれども、その外の世界のことにはあまり関心をもっていないという状態に陥っているようである。

岩宮の論文からすると、どうも元々の日本的な共同体というのは失われてしまったのではないかと思われる。しかし自分を支える場や他者が存在しないことには耐えられないので、狭い範囲の他者やネットなどにしがみついていると考えられる。ひきこもりもそのようなしがみつきの極端な形と考えられないであろうか。

三　境界を作りつつつなぐ

それでは、ひきこもりについてはどのような対応が考えられるのであろうか。本書の成果からマクロ的に見ると、相互協調的な関係が弱くなっているのに、相互独立的な自己が育ってきていないところが問題であるけれども、そのような変化は一朝一夕に促進できるものではない。弱くなっている相互協調的な基盤を補うために、勢い何らかの場が必要になってくる。

しかしそのような場は、社会から十分に供給されているようにも思われる。以前とは異なり、学校における保健室登校、フリースクールなどもそうであるし、またネットというのもそのような場の一つであろう。NPOの行っている「居場所作り」というひきこもり支援もそうであろう。しかしいくら場があっても、そこから出て行き、世界とつながることができないと解決にはつながらない。内田が「場とは、自分の居場所であり、かつ、世界とつながっている場所でなければならない」と述べているとおりである。

その意味で岩宮の仕事は興味深い。岩宮がネットと現実の境界がなくなってきていると指摘しているが、それは同時にネットで閉じられてしまっていることだと思われる。つまりネットですべては事足りてしまって、そこから出て行く必要もないのである。ところが現実も生きているセラピストがクライエントの語るネットのことに耳を傾けていると、ネットと現実の境界がはっきりとしてきて、またクライエントが現実に出て行くことが可能になる場合があるという。

これは非常に示唆的である。まずネットなどに閉じこもっているように思えるのは、実は閉じこもっているのではなくて、それを現実と錯覚しているだけなので、境界がはっきりすることで逆説的に外の世界につながり、出て行くことができることである。筆者は、これも近年に増えている現代的な症状である発達障害に対して、「結合と分離の結合」というユングの概念を用いつつ、心理療法における融合と分離を通して主体を確立することが必要であることを提唱したけれども、[3] ひきこもりにも同じようなプロセスが必要であるように思われる。

そして岩宮の論考がさらに示唆しているのは、つなぎ、かつ区別することのできる人間の存在が必要なことである。思うに、制度や場を作っただけでは、こころの問題を解決することはできないのではなかろうか。異なる世界を区別しつつつなぐというこころの専門家の存在があってこそ、こころの問題は解決することができるということが示唆されているように思うのである。

河合俊雄

註および文献

◆第一章

1 MTV Networks international (2006) “Wellbeing.”

2 Masuda, T., Gonzalez, R., Kwan, L., & Nisbett, R. E. (2008) Culture and aesthetic preference: Comparing the attention to context of East Asians and European Americans. *Personality and Social Psychology Bulletin*, 34, pp.1260-1275.

3 Masuda, T. & Nisbett, R. E. (2001) Attending holistically vs. analytically: Comparing the context sensitivity of Japanese and Americans. *Journal of Personality and Social Psychology*, 81, pp.922-934.

4 M・ジーレンジガー『ひきこもりの国――なぜ日本は「失われた世代」を生んだのか』河野純治訳、光文社、二〇〇七

◆第二章

1 木村敏『人と人との間――精神病理学的日本論』弘文堂、一九七二

2 Masuda, T., & Nisbett, R. E. (2001) Attending holistically versus analytically: Comparing the context sensitivity of Japanese and Americans. *Journal of Personality and Social Psychology*, 81, pp.922–934. doi:10.1037/0022-3514.81.5.922

3 Kitayama, S., Duffy, S., Kawamura, T., & Larsen, J. T. (2003) Perceiving an object and its context in different cultures: A cultural look at new look. *Psychological Science*, 14, pp.201-206.

4 Markus, H. R., & Kitayama, S. (1991) Culture and the self: Implications for cognition, emotion, and motivation. *Psychological Review*, 98, pp.224-253. doi:10.1037/0033-295X.98.2.224

5 Ishii, K., Reyes, J. A., & Kitayama, S. (2003) Spontaneous attention to word content versus emotional tone: Differences among three cultures. *Psychological Science*, 14, pp.39-46.

6 Na, J., & Kitayama, S. (2012) Will people work hard on a task they choose?: Social-eyes priming in different cultural contexts. *Journal of Experimental Social Psychology*, 48, pp.284-290. doi:10.1016/j.jesp.2011.09.003

7 Uchida, Y., & Kitayama, S. (2009) Happiness and unhappiness in east and west: Themes and variations. *Emotion*, 9, pp.441-456. doi:10.1037/a0015634

8　Lebra, T. S. (1976) *Japanese patterns of behavior.* Honolulu: University of Hawaii Press.

9　Kitayama, S., Park, H., Sevincer, A. T., Karasawa, M., & Uskul, A. K.（2009）A cultural task analysis of implicit independence: Comparing North America, Western Europe, and East Asia. *Journal of Personality and Social Psychology*, 97, pp.236-255. doi:10.1037/a0015999

10　阿部謹也『「世間」とは何か』講談社現代新書、一九九五

◆第三章

1　Cousins, S. D.（1989）Culture and self-perception in Japan and the United States. *Journal of Personality and Social Psychology* II, 56, pp.124-131.

2　斎藤環『社会的ひきこもり——終わらない思春期』ＰＨＰ新書、一九九八

3　玄田有史、曲沼美恵『ニート——フリーターでもなく失業者でもなく』幻冬舎、二〇〇四

4　内閣府政策統括官『若者の意識に関する調査（ひきこもりに関する実態調査）』二〇一〇

5　Toivonen, T., Norasakkunkit, V., & Uchida, Y.（2011）Unable to conform, unwilling to rebel? Youth, culture, and motivation in globalizing Japan. *Frontiers in Cultural Psychology*, 2:207, doi: 10.3389/fpsyg.2011.00207

6　竹内洋『日本のメリトクラシー——構造と心性』東京大学出版会、一九九五

7　Ｍ・Ｃ・ブリントン『失われた場を探して——ロストジェネレーションの社会学』玄田有史解説、池村千秋訳、ＮＴＴ出版、二〇〇八

8　Kitayama, S., Snibbe, A. C., Markus, H. R., & Suzuki, T.（2004）Is there any “free” choice? Self and dissonance in two cultures. *Psychological Science*, 15, pp.527-533.

9　Schug, J., Yuki, M., Horikawa, H., & Takemura, K.（2009）Similarity attraction and actually selecting similar others: How cross-societal differences in relational mobility affect interpersonal similarity in Japan and the USA. *Asian Journal of Social Psychology*, 12, pp.95-103.

10　Dunning, D., Meyerowitz, J. A., & Holzberg, A. D. (1989) Ambiguity and self-evaluation: The role of idiosyncratic trait definitions in self-serving assessments of ability. *Journal of Personality and Social Psychology*, 57, pp.1082-1090.

11 北山忍『自己と感情――文化心理学による問いかけ』共立出版、一九九八
12 Taylor, S. E., & Brown, J. D.（1988）Illusion and well-being: A social psychological perspective on mental health. *Psychological Bulletin*, 103, pp.193-210.
13 Leary, M. R., Tambor, E. S., Terdal, S. K., & Downs, D. L.（1995）Self-esteem as an interpersonal monitor: The sociometer hypothesis. *Journal of Personality and Social Psychology*, 68, pp.518-530.
14 山岸俊男『信頼の構造――こころと社会の進化ゲーム』東京大学出版会、一九九八
15 中根千枝『タテ社会の人間関係――単一社会の理論』講談社現代新書、一九六七
16 Uchida, Y., Kitayama, S., Mesquita, B., Reyes, J. A. S., & Morling, B. (2008) Is perceived emotional support beneficial? Well-being and health in independent and interdependent cultures. *Personality and Social Psychology Bulletin*, 34, pp.741-754.
17 内田由紀子、北山忍「思いやり尺度の作成と妥当性の検討」心理学研究、72、二七五～二八二頁、二〇〇一
18 Kim, H. S., Sherman, D. K., & Taylor, S. E.（2008）Culture and social support. *American Psychologist*, 63, pp.518-526.
19 M・ジーレンジガー『ひきこもりの国――なぜ日本は「失われた世代」を生んだのか』河野純治訳、光文社、二〇〇七
20 内田由紀子、V・ノラサクンキット「ニート・ひきこもりの要因――尺度の作成と妥当性の検証」未公刊論文、京都大学、二〇一二
21 内田、ノラサクンキット前掲20
22 Miller, D. T., & Ross, M.（1975）Self-serving biases in the attribution of causality: Fact or fiction? *Psychological Bulletin*, 82, pp.213-225.
23 高田利武「社会的比較による自己評価における自己卑下的傾向」実験社会心理学研究、27、二七～三六頁、一九八七
24 Heine, S. J., Lehman, D. R., Ide, E., Leung, C., Kitayama, S., Takata, T., & Matsumoto, H.（2001）Divergent consesequences of success and failure in Japan and North America. An investigation of self-improving motivations and malleable selves. *Journal of Personality and Social Psychology*, 81, pp.599-615.
25 Norasakkunkit, V., & Uchida, Y.（2011）Psychological consequences of post-industrial anomie on self and motivation among Japanese youth. *Journal of Social Issues*, 67, pp.774-786.
26 Dweck, C. S.（1999）*Self-Theories: Their role in motivation, personality, and development*. Philadelphia, PA: The Psychology

Press.
27 Uchida, Y., & Kitayama, S. (2009) Happiness and unhappiness in east and west: Themes and variations. *Emotion*, 9, pp. 441-456.
28 Morling, B., & Evered, S. (2006) Secondary control reviewed and defined. *Psychological Bulletin*, 132, pp.269-296.

コラム

1 M・ジーレンジガー『ひきこもりの国――なぜ日本は「失われた世代」を生んだのか』河野純治訳、光文社、二〇〇七
2 Markus, H. R., & Kitayama, S. (1991) Culture and the self: Implications for cognition, emotion, and motivation. *Psychological Review*, 98, pp.224-253.

◆第四章

1 Koyama, A., Miyake, Y., Kawakami, N., et al. (2010) Lifetime prevalence, psychiatric comorbidity and demographic correlates of "hikikomori" in a community population in Japan. *Psychiatry Research*, 176, pp.69-74.
2 齊藤万比古『厚生労働科学研究（こころの健康科学研究事業）「思春期のひきこもりをもたらす精神科疾患の実態把握と精神医学的治療・援助システムの構築に関する研究」平成一九年度～二一年度総合研究報告書』厚生労働省、二〇一〇
3 諏訪真美、鈴木國文「『ひきこもり』概念の社会報道と精神医学」思春期青年期精神医学、16、六一～七四頁、二〇〇六
4 境泉洋「ひきこもり概念の形成史」〔齊藤万比古編著〕『ひきこもりに出会ったら――こころの医療と支援』中外医学社、一～一六頁、二〇一一
5 一九九九年の京都小学生殺害事件、二〇〇〇年の新潟少女監禁事件、二〇〇〇年の佐賀バスジャック事件。
6 Kondo, N., Sakai, M., Kuroda, Y., Kiyota, et al. (2011) General condition of hikikomori (prolonged social withdrawal) in Japan: Psychiatric diagnosis and outcome in the mental health welfare center. *The International Journal of Social Psychiatry*, 59, pp.79-86.
7 齊藤前掲2
8 境前掲4
9 文部科学省初等中等教育局児童生徒課『平成二二年度「児童生徒の問題行動等生徒指導上の諸問題に関する調査」について』http://www.mext.go.jp/b_menu/houdou/23/08/__icsFiles/afieldfile/2011/08/04/1309304_01.pdf、二〇一一

10　境泉洋、滝沢瑞枝、中村光他「子どものひきこもり状態に対する親の否定的評価とストレス反応の関連」カウンセリング研究、42、二〇七～二一七頁、二〇〇九
11　斎藤環、稲村博、吉川麻衣子他「青年期における長期に遷延化した社会的ひきこもり事例の発生要因および改善要因に関する研究（1）――家庭環境、発症要因を中心に」思春期学、14、三四七～三五三頁、一九九六
12　高畑隆「埼玉県における『ひきこもり』の実態」精神医学、45、二九九～三〇二頁、二〇〇三
13　小林清香、吉田光爾、野口博文他「『社会的ひきこもり』を抱える家族に関する実態調査」精神医学、45、七四九～七五六頁、二〇〇三
14　尾木直樹「『ひきこもり』問題と社会はどう向き合うべきか――600家族の声にみる解決と支援への提言」臨床教育研究所「虹」、二〇〇二
15　伊藤順一郎『厚生労働科学研究（こころの健康科学研究事業）「地域精神保健活動のあり方に関する研究」平成一四年度総括・分担研究報告書』厚生労働省、二〇〇三
16　中垣内正和『はじめてのひきこもり外来――回復のための10ステップ』ハート出版、二〇〇八
17　境泉洋、植田健太、中村光他「『ひきこもり』の実態に関する調査報告書――全国引きこもりKHJ親の会における実態」早稲田大学大学院人間科学研究科坂野研究室、二〇〇四
18　境泉洋、植田健太、中村光他「『ひきこもり』の実態に関する調査報告書②――NPO法人全国引きこもりKHJ親の会における実態」志學館大学人間関係学部境研究室、二〇〇五
19　境泉洋、中村光「ひきこもり家族実態アンケート調査・調査結果データ分析とまとめ」（ひきこもり家族調査委員会編）『ひきこもり家族の実態に関する調査報告書』七～四五頁、二〇〇六
20　境泉洋、中垣内正和、NPO法人全国引きこもりKHJ親の会「『引きこもり』の実態に関する調査報告書④――NPO法人全国引きこもりKHJ親の会における実態」志學館大学人間関係学部境研究室、二〇〇七
21　境泉洋、川原一紗、NPO法人全国引きこもりKHJ親の会『「引きこもり」の実態に関する調査報告書⑤――NPO法人全国引きこもりKHJ親の会における実態』徳島大学総合科学部境研究室、二〇〇八
22　境泉洋、川原一紗、木下龍三他「『引きこもり』の実態に関する調査報告書⑥――NPO法人全国引きこもりKHJ親の会における実態」徳島大学総合科学部境研究室、二〇〇九

23　境泉洋、野中俊介、大野あき子他『「引きこもり」の実態に関する調査報告書⑦――NPO法人全国引きこもりKHJ親の会における実態』徳島大学総合科学部境研究室、二〇一〇

24　境泉洋、堀川寛、野中俊介他『「引きこもり」の実態に関する調査報告書⑧――NPO法人全国引きこもりKHJ親の会における実態』徳島大学総合科学部境研究室、二〇一一

25　文部科学省初等中等教育局児童生徒課前掲9

26　境ら前掲24

27　境ら前掲24

28　畠中雅子「ひきこもりの子を抱える家族へ　親亡き後のマネープラン」エコノミスト、88、七〇～七一頁、二〇〇九

29　境ら前掲24

30　齊藤前掲2

31　齊藤前掲2

32　中垣内正和、小松志保子、猪爪和枝他「長期ひきこもりにおける心身機能の変化について」アディクションと家族、26、二〇七～二一六頁、二〇一〇

33　埼玉県健康福祉部『ひきこもり実態調査報告書』社団法人埼玉県精神保健福祉協会、二〇〇二

34　大分県精神保健福祉センター『「ひきこもり」実態調査報告書』大分県精神保健福祉センターひきこもり支援対策推進委員会、二〇〇四

35　境泉洋、中村光、植田健太他「ひきこもり状態にある人の問題行動が活動範囲に与える影響」心身医学、47、八六五～八七三頁、二〇〇七

36　伊藤前掲15

37　境ら前掲21

38　境ら前掲22

39　小林ら前掲13

40　埼玉県健康福祉部前掲33

41　野中俊介、大野あき子、境泉洋「行動論的観点からみたひきこもり状態と家族機能の関連」行動療法研究、38、一～一〇頁、

二〇一二

42 Smith, J. E. & Meyers, R. J. (2004) *Motivating substance abuse to enter treatment.* New York: The Guilford press. 境泉洋、原井宏明、杉山雅彦監訳『ＣＲＡＦＴ依存症患者への治療動機づけ——家族と治療者のためのプログラムとマニュアル』金剛出版、二〇一二

43 近藤直司、境泉洋、石川信一他「地域精神保健・児童福祉領域におけるひきこもりケースへの訪問支援」精神神経学雑誌、110、五三六〜五四五頁、二〇〇八

44 境ら前掲24

45 Hayes, S. C., Wilson, K. G., Gifford, E. V., et al. (1996) Experimental avoidance and behavioral disorders: A functional dimensional approach to diagnosis and treatment. *Journal of Consulting and Clinical Psychology*, 64, pp.1152-1168.

46 S・C・ヘイズ、S・スミス『〈あなた〉の人生をはじめるためのワークブック——「こころ」との新しいつきあい方　アクセプタンス&コミットメント』武藤崇、原井宏明、吉岡昌子、岡嶋美代訳、ブレーン出版、二〇〇八

47 J・カバットジン『マインドフルネスストレス低減法』春木豊訳、北大路書房、二〇〇七

48 M・B・ファースト、R・L・スピッツァ、M・ギッボン他『精神科診断面接マニュアルＳＣＩＤ——使用の手引き・テスト用紙』高橋三郎監修、日本評論社、二〇〇三

49 J・カバットジン前掲47

50 M・B・ファーストら前掲48

51 Kondo, et al. 前掲6

52 厚生労働省「ひきこもり対策推進事業」http://www.mhlw.go.jp/seisakunitsuite/bunya/hukushi_kaigo/seikatsuhogo/hikikomori/index.html、二〇一三

53 厚生労働省「地域サポートステーションって何？」http://www.mhlw.go.jp/bunya/nouryoku/ys-station/、二〇一二

◆第五章

1 河合隼雄「こもりと夢」〔河合俊雄編〕『心理療法入門』岩波現代文庫、二二九〜二六三頁、二〇一〇

2 塩倉裕『引きこもり』朝日文庫、二〇〇三

3 本書、第一章参照。
4 斎藤環『社会的ひきこもり――終わらない思春期』ＰＨＰ新書、一九九八
5 河合俊雄「対人恐怖から発達障害まで――主体確立をめぐって」〔河合俊雄編〕『発達障害への心理療法的アプローチ』創元社、一三三〜一五四頁、二〇一〇
6 狩野力八郎、近藤直司編『青年のひきこもり――心理社会的背景・病理・治療援助』岩崎学術出版社、二〇〇〇
7 河合隼雄『神話と日本人の心』岩波書店、二〇〇三
8 河合前掲1
9 A・ヘネップ『通過儀礼』綾部恒夫、綾部裕子訳、弘文堂、一九七七
10 河合前掲1
11 岩宮恵子「思春期のイニシエーション」〔河合隼雄編〕『心理療法とイニシエーション』岩波書店、一〇五〜一五〇頁、二〇〇〇
12 河合俊雄編『発達障害への心理療法的アプローチ』創元社、二〇一〇参照。
13 河合前掲5
14 イーフー・トゥアン『個人空間の誕生――食卓・家屋・劇場・世界』阿部一訳、せりか書房、一九九三
15 河合俊雄『心理臨床の理論』岩波書店、二〇〇〇参照。
16 田中康裕、穂苅千恵、福田周、小川捷之「青年期における対人不安意識の特性と構造の時代的推移」心理臨床学研究、12、一二一〜一三一頁、一九九四
17 木原雅子『10代の性行動と日本社会――そしてＷＹＳＨ教育の視点』ミネルヴァ書房、二〇〇六
18 河合俊雄『村上春樹の「物語」――夢テキストとして読み解く』新潮社、二〇一一
19 岩宮恵子『フツーの子の思春期――心理療法の現場から』岩波書店、二〇〇九
20 河合隼雄「河合隼雄ラストインタビュー」『論座』二〇〇八年一月号、二〇〇七
21 笠原嘉『精神科医のノート』みすず書房、一九七六
22 Giegerich, W.（1999）*Der Jungsche Begriff der Neurose*. Frankfurt am Main: P. Lang.
23 中井久夫、山中康裕編集『思春期の精神病理と治療』岩崎学術出版社、一九七八

◆第六章

1 岩宮恵子「思春期のイニシエーション」〔河合隼雄編〕『心理療法とイニシエーション』岩波書店、一〇五～一五〇頁、二〇〇〇

2 岩宮恵子（事例提供・編）「家を背負うということ――無気力の裏に潜むもの」〔谷川俊太郎、鷲田清一、河合俊雄編〕『臨床家 河合隼雄』一五～五五頁、二〇〇九

3 河合隼雄「こもりと夢」〔河合俊雄編〕『心理療法入門』岩波現代文庫、二二九～二六三頁、二〇一〇

4 河合隼雄「『引きこもり』の効用」『縦糸横糸』新潮文庫、二〇〇六

5 河合隼雄〔河合俊雄編〕『生と死の接点』岩波現代文庫、二〇〇九

6 河合前掲5

7 岩宮前掲1

8 斎藤環「ひきこもり青年たちはなぜ、仮想現実に逃げ込まないのか？」『現代のエスプリ』492、一四〇～一四八頁、二〇〇八

9 斎藤前掲8

10 土井隆義『「個性」を煽られる子どもたち――親密圏の変容を考える』岩波ブックレット、二〇〇四

11 河合前掲3

12 河合隼雄『昔話と日本人の心』岩波現代文庫、二〇〇二

◆第七章

1 Sontag, S. (1991) *Illness as metaphor and AIDS and its metaphors*. Penguin Books.

2 Leary, M. R., Kowalski, R. M., Smith, L., & Phillips, S. (2003) Teasing, rejection, and violence: Case studies of the school shootings. *Aggressive Behavior*, 29, pp.202-214.

◆おわりに

1 野間俊一『身体の時間――〈今〉を生きるための精神病理学』筑摩書房、二〇一二

2 岩宮恵子『フツーの子の思春期――心理療法の現場から』岩波書店、二〇〇九

3 河合俊雄編『発達障害への心理療法的アプローチ』創元社、二〇一〇

編者略歴

河合俊雄（かわい・としお）
一九八七年京都大学大学院教育学研究科博士後期課程中退。Ph.D.（チューリッヒ大学）、ユング派分析家。臨床心理士。現在、京都大学こころの未来研究センター教授。専攻は臨床心理学。著書に『村上春樹の「物語」――夢テキストとして読み解く』『心理臨床の理論』『ユング派心理療法』（編著）『発達障害への心理療法的アプローチ』（編著）『大人の発達障害の見立てと心理療法』（編著）『思想家 河合隼雄』（編著）など。

内田由紀子（うちだ・ゆきこ）
二〇〇三年京都大学大学院人間・環境学研究科博士課程修了。博士（人間・環境学）。現在、京都大学こころの未来研究センター准教授。著書に『農をつなぐ仕事――普及指導員とコミュニティへの社会心理学的アプローチ』（共著）、論文に「文化的幸福観――文化心理学的知見と将来への展望」（共著　心理学評論、二〇一二）、“Psychological consequences of postindustrial anomie on self and motivation among Japanese youth”（共著　Journal of Social Issues, 2011）など。

著者略歴

岩宮恵子（いわみや・けいこ）――第六章
聖心女子大学文学部卒業。臨床心理士。現在、島根大学教育学部教授。著書に『生きにくい子どもたち――カウンセリング日誌から』『思春期をめぐる冒険――心理療法と村上春樹の世界』『フツーの子の思春期――心理療法の現場から』『好きなのにはワケがある――宮崎アニメと思春期のこころ』など。

内田由紀子（うちだ・ゆきこ）――はじめに・第一章（翻訳）・第三章・コラム（翻訳）
編者略歴参照。

嘉志摩佳久（かしま・よしひさ）――第七章
一九八六年イリノイ大学心理学科大学院博士課程修了。Ph.D. 現在、メルボルン大学心理学科教授、国際交差文化心理学会会長。著書に“Stereotype Dynamics”（共著）、論文に“Culture, gender, and self”（共著　Journal of Personality and Social Psychology, 1995）、“Group impressions as dynamic configurations”（共著　Psychological Review, 2000）など。オーストラリアなどの西欧文化と日本を中心とした東アジア文化の比較、グローバリゼーションと文化変容などに関する研究を進めている。

河合俊雄（かわい・としお）——第五章・おわりに
編者略歴参照。

北山　忍（きたやま・しのぶ）——第二章
一九九七年ミシガン大学心理学科大学院博士課程修了。Ph.D. 現在、ミシガン大学心理学部・Robert B. Zajonc 冠教授、京都大学こころの未来研究センター特任教授、アメリカ科学芸術アカデミー会員。論文に“Culture and the self”（共著 Psychological Review, 1991）、“Culture, mind, and the brain”（共著 Annual Review of Psychology, 2011）など。文化により心の性質がどのように変わるのかについて理論的、実証的研究をすすめ、最近はそれに加え進化的影響を考慮に入れつつ脳の社会・文化的可塑性を追求している。

境　泉洋（さかい・もとひろ）——第四章
二〇〇四年早稲田大学大学院人間科学研究科博士後期課程単位取得後退学。現在、徳島大学大学院ソシオ・アーツ・アンド・サイエンス研究部准教授。博士（人間科学）。専攻は臨床心理学、認知行動療法。臨床心理士、認定行動療法士。日本認知・行動療法学会理事、行動療法研究常任編集委員、認知療法研究常任編集委員、ＮＰＯ法人全国引きこもりＮＨＪ親の会理事。筆頭著書に『ＣＲＡＦＴひきこもりの家族支援ワークブック』（金剛出版）、分担執筆に『認知行動療法の技法と臨床』（日本評論社）、『ひきこもりに出会ったら』（中外医学社）などがある。監訳に『ＣＲＡＦＴ依存症患者への治療動機づけ』（金剛出版）、『メタ認知療法』（日本評論社）がある。

ビナイ・ノラサクンキット（Vinai Norasakkunkit）——コラム
二〇〇三年マサチューセッツ大学ボストン校博士課程修了。Ph.D. 現在、ゴンザガ大学心理学部助教。著書に“Marginalized Japanese youth in post-industrial Japan: Motivational patterns, self-perceptions, and the structural foundations of shifting values.” In “Values, Religion, and Culture in Adolescent Development”, pp.211-234.（分担執筆）など。専門は文化心理学、臨床心理学。

マイケル・ジーレンジガー（Michael Zielenziger）——第一章
プリンストン大学卒業。現在、米カリフォルニア大学バークレー校東アジア研究所客員研究員。ジャーナリスト。コンサルタント会社「オックスフォード・エコノミクス」の編集長。ナイトリッダー社元東京支局長。サンノゼ・マーキュリー社勤務時、中国に関する報道でピューリッツァー賞の国際報道賞の最終候補、同賞受賞チームにも在籍。著書に『ひきこもりの国——なぜ日本は「失われた世代」を生んだのか』など。

「ひきこもり」考《こう》

発行日――二〇一三年三月二〇日　第一版第一刷発行
　　　　　二〇一四年四月一〇日　第一版第二刷発行

編者――河合俊雄・内田由紀子

発行者――矢部敬一

発行所――株式会社 創元社
〈本　社〉〒五四一-〇〇四七
大阪市中央区淡路町四-三-六
電話 〇六-六二三一-九〇一〇（代）
〈東京支店〉〒一六二-〇八二五
東京都新宿区神楽坂四-三　煉瓦塔ビル
電話 〇三-三二六九-一〇五一（代）
〈ホームページ〉http://www.sogensha.co.jp/

印刷――株式会社 太洋社

製本――有限会社 大光製本所

©2013　Printed in Japan　ISBN978-4-422-11225-1　C3311

こころの未来選書

発達障害への心理療法的アプローチ

河合俊雄 編

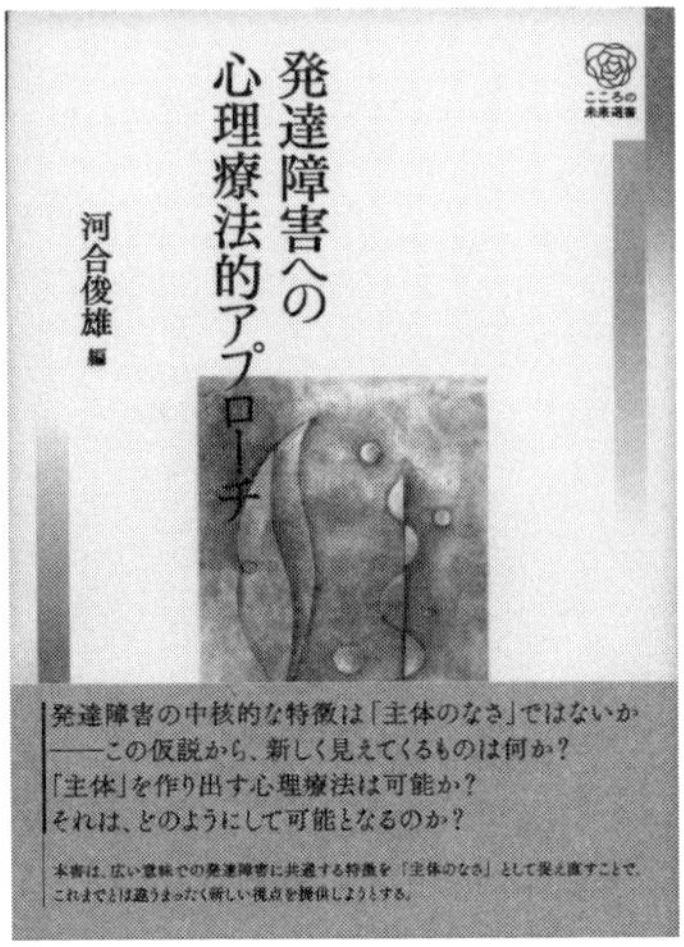

Ａ５判上製　二三二頁
二八〇〇円（税別）

発達障害に「主体性のなさ」という極めて斬新な視点を与え、発達障害への心理療法的アプローチのエッセンスを伝えようとする意欲的な試みの記録。